そばづくし

そば、つゆ、そば屋の料理と鴨料理、甘味

齋藤親義
―蕎仙坊―

富士山の裾野の雑木林に囲まれた店は築400年超の堂々たる庄屋屋敷。山形県西置賜郡《にしおきたまぐん》飯豊町《いいでまち》の白川ダムの造成に際し、1973年ごろに同地から移築された。

本書について

○そばの表記は、植物として用いる場合は「ソバ」、そば切りなどの加工したものや道具名として用いる場合などは「そば」としています。
○つくり方の分量や時間は一応の目安です。必要に応じて調整してください。
○大さじ1は15cc、小さじ1は5ccです。
○材料の分量を表示している場合は原則として調理前の分量です。たとえば「ソバの抜き実（ゆでる）」で示している分量はゆでる前の分量です。
○とくに記載がない場合、そば粉は自家製粉の並粉（10、11ページ参照）、そばは自家製粉の並粉で打った二八そばの「おせいろ」（9、15ページ参照）です。
○冷たいそばはゆでた後に水洗いし、温かいそばはゆでた後に水洗いしてから湯通しします（13ページ参照）。
○だしの材料、ひき方は14ページを参照ください。
○唐辛子粉はタカノツメの粉末を煎ったものです。
○揚げ油はサラダ油とゴマ油を6対4で合わせたものです。揚げるときの温度は170〜180℃です。
○オーブンは使用前に予熱します。
○31〜57ページは柴田書店MOOK『そばうどん2020』に掲載した内容を再構成したものです。

そばづくし

叔父のそば屋で働きはじめた20歳のころは、まさか80歳になってもそばを打っているなんて思いもしませんでしたが、この60年は本当にあっという間でした。この60年の時間、僕はそばのことしかやってこなかった。だから、常連さんとおしゃべりになっても「僕はそばしか知らない」「僕はそばしか打てない」と言うのですが、みなさんは「すごいことだ」と言ってくれて。家族も同じように言ってくれ、うれしいことです。

この本では、これまでにつくってきたそばやそば料理、そば屋でお出しするのにふさわしいと僕が考える料理や甘味を紹介しています。麺線に切ったそばをすしめし代わりに使ったり、ソバの実やそば粉、そばつゆ、種物の具にする食材を使ったり、いずれにしてもそば屋でいつも使う食材を調理した品々です。各品の材料と分量、つくり方を記載していますが、あくまでも目安として、お好みや必要に応じて調整してください。

そばやそば粉を活用したそば料理に取り組むようになったきっかけは、あるそば屋さん。品書きにあった「たまご豆腐」を注文したところ、大手メーカーの既製品でした。女将さんとこのたまご豆腐を食べて、自然と話になったのです。「自分たちの売りものは手打ちそばなのだし、そば以外のものも既製品をそのままお出しするのは避けたいね」「そば粉を使ってそば豆腐がつくれないだろうか」と。そば屋なのだから、そば、そば粉、ソバの実を利用してあれこれ手づくりしたらいいんじゃないか――そう考えるようになった原点です。

そうしてつくるようになったのが61ページの「そば豆腐」です。そば豆腐は言ってみればそば粉と葛粉を練り合わせるだけですが、おいしさはもちろん、誰がつくっても失敗しない配合や練り具合に行きつくまでに2年ぐらいはかかりました。そしてこのそば豆腐へのチャレンジ以降、どこかのお店で食事をしては「この料理をそば屋の食材でつくってみよう」とトライするのが常のことに。僕も女将さんもそういうことが好きなんですよね。もちろん、お客さんからもたくさん学ばせもらいました。

僕のそば料理の考え方の基本は、そば屋でいつも使う食材を工夫すること。そして、あくまでそば屋としてあるべき仕事として発想し、いたずらにアイデアに走らないこと。食材は限られますが、ちょっと考えをめぐらせて手を加えることで新たな味わいが生まれ、そこにおもしろさがあります。

そば屋を商ううえで肝に銘じているのが「そばは日本のファストフード」という叔父の言葉です。すなわち、そばは庶民の食べものであるという意味で、店のたたずまいや接客が高飛車にならないように、また何より、そばやそば料理などの提供する品々が高級路線に傾くことがないように気をつけています。

僕には、たいそうな知識もたいした技術もありません。でも60年という長い時間そばに関わってきて、そばのおいしさ、すばらしさはよく知っています。僕が知るその魅力を伝えたいと考えて、この本をつくりました。この本を通じて、ひとりでも多くの方にそばのすばらしさが伝わったら、そして、少しずつ蓄積してきた僕の経験やアイデアが共有されたら、それ以上にうれしいことはありません。

蕎仙房　齋藤親義

目次

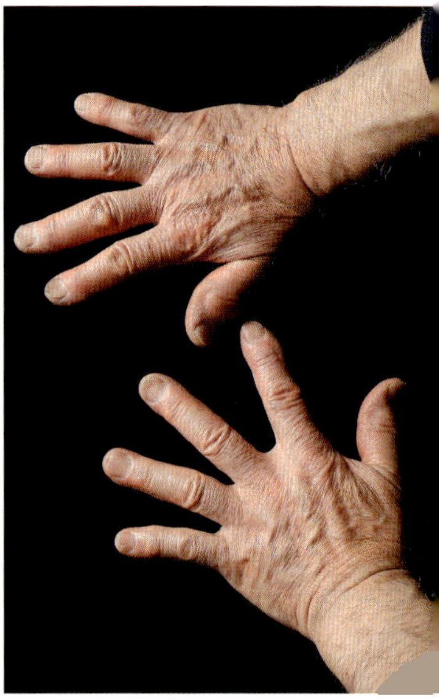

「蕎仙坊」のそばについて

基本の品書き：そば・七味唐辛子・そばみそ

「蕎仙坊」のそばがきについて

基本の品書き：そばがき

十二ヵ月、とりどりの変わりそば

献立集：春

献立集：夏

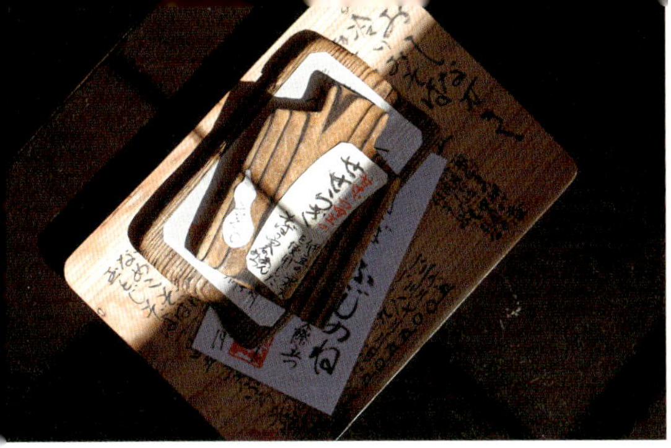

献立集：秋

献立集：冬

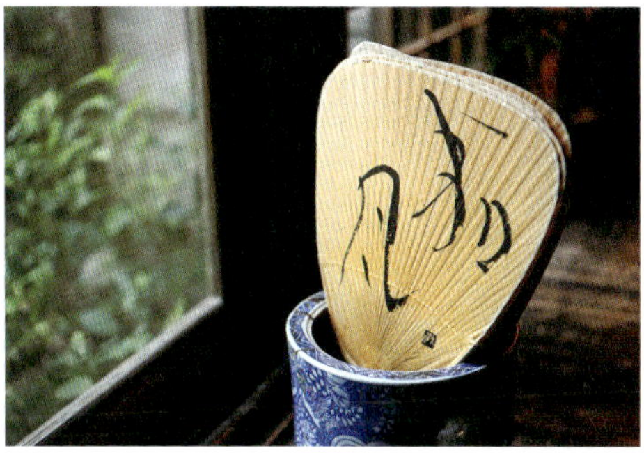

献立集：甘味

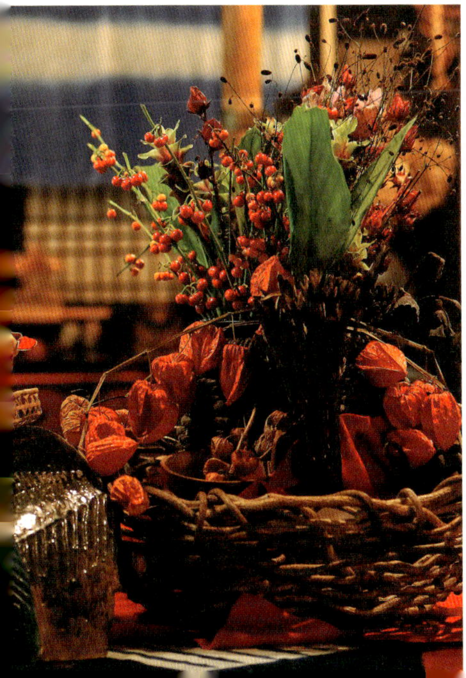

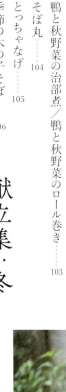

そば三種

常時打っているのは、いずれも二八そばの「おせいろ」と「田舎」。そば粉は自家製粉の並粉に神奈川・小田原の㈱山崎製粉に特注している甘皮粉を配合しており、「おせいろ」の甘皮粉の割合は粉の総量の1割、「田舎」は同3〜4割。なお、並粉の原料は北海道・蘭越《らんこし》産のキタワセソバ（自家製粉、粉については10、11ページ参照）。

十割そばの「ふじのね」は不定期で打っていて、並粉と甘皮粉を同割でブレンドしている。

すべてのそばのメニューを「おせいろ」、「田舎」のどちらででも提供しているが、「ふじのね」は冷たいそばでのみ提供している。

おせいろ

二八で打つ、店のもっとも基本のそば。自家製粉の並粉に甘皮粉を粉の総量の1割ほど混ぜ合わせている。本書ではとくに記載がない場合、そばはこの「おせいろ」を指す。

田舎

二八で打つ、太打ちの田舎そば。並粉とブレンドする甘皮粉の割合は粉の総量の3〜4割。甘皮粉が多いうえ、太さが3㎜強あってよく噛むぶんソバの香り、甘みを強く感じる。

生粉打ちそば
ふじのね

新ソバの時季などに不定期で打つ十割そば。原料のそば粉は「おせいろ」、「田舎」と同様で、並粉と甘皮粉を同割で配合している。

「田舎」(左)は3㎜強の太さで「噛んで食べるそば」。対して「おせいろ」(中)は「のどごしを楽しむそば」。「ふじのね」は「おせいろ」よりもさらに細い。

左から「おせいろ」、太打ちの「田舎」、十割の「ふじのね」。「おせいろ」と「田舎」はともに二八だが、「田舎」は色がやや黒っぽい。

並粉の製粉

□ 原料／キタワセソバの丸抜き（㈲ファームトピア［北海道・蘭越《らんこし》］）
□ 製粉機・シフター／㈱日高製粉機製作所
□ 石臼／直径50㎝、蟻巣石製
□ ふるい／60メッシュ

「並粉」、「甘皮粉」（11ページ参照）と呼ぶ2種のそば粉を使っており、そのうち並粉を自家製粉している。原料は北海道・蘭越《らんこし》の㈲ファームトピアから仕入れるキタワセソバの丸抜き（抜き実）で、仕上がりのイメージは細挽きの粉。自家製粉をはじめた理由は、原料の素性を確実に知ることができる安心感から。

電動の製粉機・シフターは㈱日高製粉機製作所製で、直径50㎝の石臼の材は蟻巣《ありす》石。石臼の1分間あたりの回転数は12回で、16㎏の丸抜きがおよそ4時間で挽き終わる。製粉中は香りや感触などで粉の状態を確認し、必要に応じて丸抜きの石臼への投入量を加減して挽き具合を調整する。

ふるいは60メッシュで1回。ふるいを通らなかった残留物は廃棄する。

原料は北海道・蘭越の生産者が手がけるキタワセソバの丸抜き。アルミの袋に1袋8㎏入って真空包装の状態で届く。翌日打つ分を前日午後に挽く。

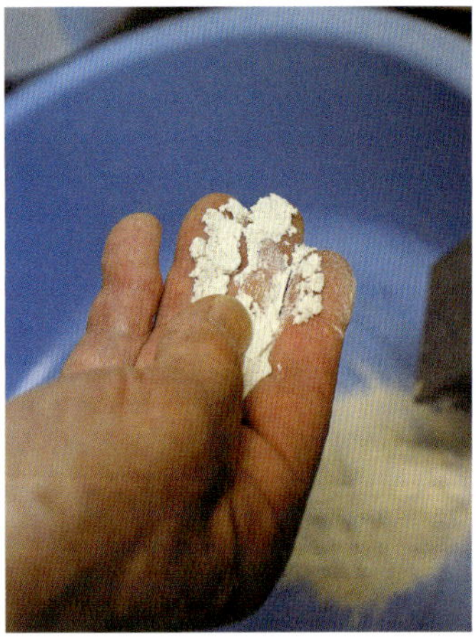
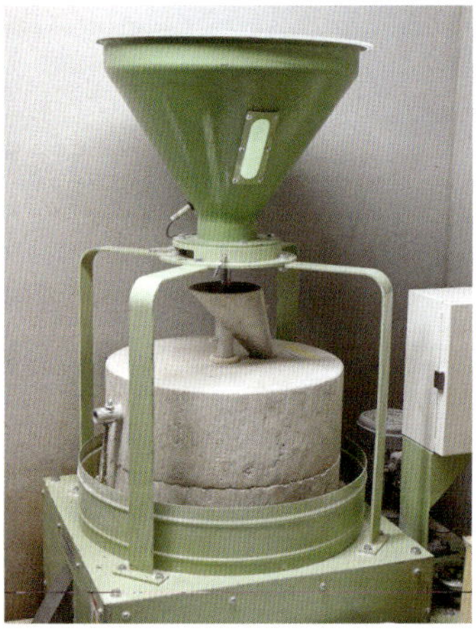

石臼は1分間あたり12回転。製粉会社に特注している甘皮粉との個性の違いを明確にするため、並粉は細挽きを意識している。

電動シフターを使うふるいは60メッシュ。粉は握ると「ぎしっ」と鳴るような質感で、握ったあとは一瞬形になるが少しするとさらさらと崩れる。

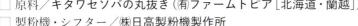

そばの材料

甘皮粉は特注品。そばを噛んだときに歯にまとわりつく「歯ぬかり」やそばの色が濃くなりすぎるのを避けるため、甘皮（種皮）部分の割合などの配合を製粉会社に注文している。水は水道水を浄水器に通した軟水で、水源は＊愛鷹山《あしたかやま》の深層地下水。

＊富士山の南東にある山

甘皮粉

ソバの胚乳部を包む甘皮（種皮）と呼ばれる、ソバ特有の香りや甘みが強い部分を多く含んだ粉。㈱山崎製粉（神奈川県小田原市）に特注している。

並粉

自家製粉している粉。原料は北海道・蘭越の㈲ファームトピアが手がけるキタワセソバの丸抜き。「細挽きの粉」をイメージして挽いている。

打ち粉

坂東製粉㈱（静岡県沼津市）から仕入れている。選んでいる理由は白度（白さの度合い）とさらっとした質感。

強力粉

ともに二八で打つ「おせいろ」、「田舎」のつなぎとして使う。坂東製粉㈱（静岡県沼津市）から仕入れている。

そば打ちの道具

打ち場

厨房と地続きのスペースに設えてあり、広さは4畳半。延し台は横幅180cm×奥行き100cm。前面はガラス張りで、客席への通路に面する。

本鉢

トチノキ製、漆塗り。外径67cm・内径60cm。延し台の右手に開けた穴に据えてある。40年以上使い続けている。

延し棒・そば切り包丁・こま板

延し棒はサクラ（長さ92cm）が「おせいろ」と「田舎」用。ヒノキ（同95cm）はさらしなそば用のほか、巻き棒としても使う。太さはともに2・5cm。包丁は本鋼の特注品。こま板はヒノキ製で枕の材はクリ。

切り板（まな板）

寄木細工によるもので、考案はそば打ちの指導を受けた「一茶庵」の片倉康雄氏。

「おせいろ」のそば打ち

木鉢

水回し

1 そば粉と強力粉をよく混ぜ合わせてから表面を平らにならし、木鉢の中央に一気に加水する。ここでの粉の総量は2kgだが、通常は2・4kgで打つ。

2 中央にたまった水の上に、周囲の粉をかぶせていく。続けて、乾いている粉を水分のある箇所に移動させる意識で、指先を使って全体を小刻みに混ぜる。

3 全体に水がいきわたったら、「上と下」、「中央と外側」といった粉の位置がまんべんなく入れ替わり続けるように、反時計まわりにかき混ぜる。

練り

4 粉と水が一体となった粒が次第に大きくなって自然に塊になってきたら、練り込みながら全体をまとめ、ラグビーボール状に形づくる。

5 全体重をかけながら左右の手を交互に前方に押し出すようにして生地に力を加え、練り込んでいく。生地の塊が細長くなってきたら折り重ね、くり返す。

6 ここで十分に練り込むことで、よくつながったそばになる。生地になめらかさと弾力が出てきたら、⑤の作業を脱力して手早く行って練りを終える。

菊練り

7 そば玉を左手で支え、右の手のひらを使って外側から中心に折り込み、内部の空気を抜きながら練る。反時計回りに少しずつ動かしながらくり返す。

8 そば玉に加える力を徐々に抜きながら⑦の作業をくり返し、きれいな形に整えていく。仕上がりには菊の花模様ができあがる。

へそだし

9 菊の花模様を向こう側に向け、木鉢の手前の曲面を転がして花模様から空気を抜いて絞り込む。へそを下にして置き、手のひらで押さえて平らにする。

延し

丸出し

10 打ち粉をふってそば玉を置く。最初から延し棒を使い、そば玉の中心から上半分を押し延す。そば玉を反時計回りに30度ずつ動かしつつくり返す。

11 生地が直径40cmほどになったら、延し棒をなめらかに転がすようにして延していく。生地を30度ずつ動かしつつくり返し、直径70cmほどに延す。

四つ出し

12 生地の中央に縦方向に打ち粉をふり、生地を手前から巻き棒にきっちりと巻きつける。

そば3種の粉の配合比と加水率

- □ おせいろ／並粉7：甘皮粉1：強力粉2　加水率＝40%
- □ 田舎／並粉5：甘皮粉3（夏は4：4）：強力粉2　加水率＝36.5〜37%
- □ ふじのね／並粉5：甘皮粉5　加水率＝42〜43%

13

前方へ転がすことを5回ほどくり返し、巻き延しする。巻き棒の向きを180度変え、生地を前方に広げる。⑫と同様に生地を巻き棒に巻き、巻き延しする。

14

巻き棒の向きを時計回りに90度変え、左方向に生地を広げる。生地を手前から巻き棒にきっちりと巻きつけ、⑬と同様に巻き延しをくり返す。

15

巻き棒を延し台の右下に斜め45度に置き、左上の方向に生地を広げる。生地はほぼ四角になっている。

肉分け

16

生地の厚さの違いをならす。左と右、奥と手前に区分けし、それぞれ中央から端に向かって延す。生地が大きくなってきたら巻き棒に巻きとって行う。

本延し

17

作業しやすいように生地を巻き棒に巻きとりつつ、延し棒を小刻みに転がして各所を入念に延し、全体の厚さを均等にならす。

18

生地を触って厚みを確認し、延しは完了。「おせいろ」の厚みは1.3㎜ほど、「田舎」は3㎜強、「ふじのね」は1㎜ほど。

切り

たたみ

19

生地が同じ幅で3枚重ねになるようにSの字に折り重ねる。2回目の折り返しを手で切り、その切り口を2枚重ねの生地の右側に合わせて重ねる。

20

3枚重ねの生地の向こう側と手前の端が合うように手前に二つ折りにする(6枚重ね)。同様に、向こう側にさらに二つ折りにする(12枚重ね)。

田舎の場合

「田舎」の延しの厚みは3㎜強。「おせいろ」と同じ12枚重ねにたたむと厚くなりすぎて切りづらいため、6枚重ねにたたむ。

切り

21

切り幅を⑱の延しの厚みに合わせてリズミカルに切っていく。切り口は正方形になる。切りは80回ほどが一区切り。

ゆで

冷たいそば

22

冷たいそばのゆで時間は、「おせいろ」45〜60秒、「田舎」1分45秒〜2分、「ふじのね」20〜30秒。流水の中で洗った後、水を張り替えて再度軽く洗う。

温かいそば

23

温かいそばのゆで時間は「おせいろ」、「田舎」ともに冷たいそばより10秒ほど短い。同様に洗った後、振りざるに入れて釜の湯で10秒ほど温める。

つゆ

求めるのは、くどくない、でしゃばらないつゆ。あくまでもそばを生かす存在を意識している。

もりつゆ、かけつゆとも同じかえし、だしを使う。かえしは本がえし。なお、もりつゆには「隠しかえし」を加える。量はわずかだが、加えることでもりつゆの風味がぐんと立つ。

「蕎仙坊」開業時から、だしの材料にアゴ(トビウオ)の焼き干しを加えた。これにより、だしの味わいにカツオ節の持ち味がより際立つようになった。

だし

【材料】
(仕上がり1800cc)

削り節(カツオ本枯節/雄節)……32g
削り節(カツオ本枯節/雌節)……32g
アゴ*焼き干し(細かく叩きつぶす)……16g
水……1818cc
*トビウオ

【つくり方】

❶鍋に湯を沸かし、削り節2種、アゴ焼き干しを加える。アクをとりながら7～8分間煮出す。
❷布*で漉す。 *未ざらしの天竺木綿。目が詰まった厚手の生地で、透明度の高いだしになる

かえし

【材料】
(つくりやすい分量)

濃口醤油(ヤマサ醤油㈱「ヤマサ特選 有機丸大豆の吟選しょうゆ」)……1800cc
ミリン(宝酒造㈱「タカラ本みりん 厨房専科」)……360cc
素焚糖*(大東製糖㈱「素焚糖」)……380g

*奄美諸島産サトウキビが原料のきび糖。精製糖よりもカリウムは約20倍、カルシウムは約8倍、マグネシウムは約7倍多く、ミネラルが多い点が特徴(大東製糖ウェブサイトより引用)

【つくり方】

❶寸胴にミリンを入れ、強火に2～3分間かけてアルコール分を飛ばす。
❷素焚糖を加えてかき混ぜ、完全に溶かして透き通った状態にする。
❸濃口醤油を加え、沸く直前で火を止める。
❹自然に冷まし、常温(冷暗所)で夏は1～2週間、冬は2週間以上寝かせる。

隠しかえし

【材料】
(つくりやすい分量)

濃口醤油(ヤマサ醤油㈱「ヤマサ特選 有機丸大豆の吟選しょうゆ」)……1800cc

【つくり方】

❶鍋に濃口醤油を入れ、沸かない程度の火加減で火入れする。
❷粗熱をとって甕に移し、常温(冷暗所)で2～3週間寝かせる(つぎ足しで仕込む)。

もりつゆ

【材料】
(つくりやすい分量)

だし……1800cc
かえし……684cc
隠しかえし……18cc

かえしは本がえし。夏は1～2週間、冬は2週間以上ほど寝かせる。だしと合わせる際に、濃口醤油のみでつくる隠しかえし(かえしと同じ濃口醤油を火入れし、寝かせたもの)を少量加える。

【つくり方】

❶鍋にひきたてのだし、かえしを合わせ、強火にかける。
❷表面が波打つようになる直前に火を止め、隠しかえしを加える。再び火にかけ、沸く直前に火を止める。
❸鍋ごと冷水に浸けて一気に冷ます。

かけつゆ

【材料】
(つくりやすい分量)

だし……1800cc
かえし……(夏)198cc
……(冬)180cc

だし、かえしとも、もりつゆと共通のものだが、未ざらしの天竺木綿で漉すだしの透明度の高さと、とくに色合いのきれいな濃口醤油を用いていることで、見た目にも美しい澄んだかけつゆになる。

【つくり方】

❶鍋にひきたてのだし、かえしを合わせ、強火にかける。
❷表面が波打つようになる直前に火を止める。
❸常温で置く。

おせいろ

このページから29ページまでは「蕎仙坊」のそば、そばがきの基本の品書きを紹介する。なお、そばの品書きはすべて「おせいろ」、「田舎」のどちらでも提供する。また、そばがき類は混雑時は提供できない場合がある。

自家製粉の並粉、特注の甘皮粉、強力粉が7対1対2の二八そば。太さ1・3㎜ほどの細打ちで、しなやかなコシとのどごしのよさが身上。個性の強さよりも、均整のとれた洗練された味わいを意識している。

【材料】(1人分)

そば(ゆでる)……170g
もりつゆ……100cc
薬味……各適量
　小ネギ(小口切り)
　ダイコン(すりおろす)
　ワサビ(すりおろす)

【つくり方】

❶ざるにそばを盛る。
❷もりつゆ、薬味とともに提供する。

田舎

太さ3㎜強の田舎そば。並粉、甘皮粉、強力粉の割合は5対3対2が基本で、甘皮粉が多いぶんソバならではの香りや甘みが非常に豊か。そば粉の香りが乏しくなる夏場は並粉と甘皮粉を同割とする。

【材料】（1人分）
そば（田舎そば／ゆでる）……170g
もりつゆ……100cc
薬味……各適量
　小ネギ（小口切り）
　ダイコン（すりおろす）
　ワサビ（すりおろす）

【つくり方】
❶ざるにそばを盛る。
❷もりつゆ、薬味とともに提供する。

生粉打ちそば ふじのね

つなぎを使用しない十割そば。並粉と甘皮粉が同割で、新ソバの時季などの期間限定の品書き。太さは1㎜ほどで、冷たいそばのみで提供する。「おせいろ」、「田舎」よりもさらにソバの味、香りが際立つ。

【材料】（1人分）

そば（十割そば／ゆでる）……150g
もりつゆ……100cc
薬味……各適量
　小ネギ（小口切り）
　紫ダイコン（すりおろす）
　ワサビ（すりおろす）

【つくり方】

❶せいろにそばを盛る。
❷もりつゆ、薬味とともに提供する。

かけそば

隠し味に「隠しかえし」（14ページ参照）を加えるもりつゆとは異なり、かけつゆは比較的あっさりした風味に仕立てている。青みは夏以外はサヤエンドウ、サヤインゲン、ミツバなどを使う。

【材料】（1人分）

そば（ゆでる）……150g
かけつゆ……500cc
モロッコインゲン（塩ゆでする）……適量
ユズの皮（黄／細切り）……適量
薬味……各適量
　小ネギ（小口切り）
　ダイコン（すりおろす）
　七味唐辛子

【つくり方】

❶鍋でかけつゆを沸かす。
❷器にそばを盛り、①を張る。モロッコインゲン、ユズの皮を天にあしらう。
❸薬味とともに提供する。

鴨なんばん

鴨胸肉のそぎ切りをさっと霜降りし、ネギを入れて沸かしたかけつゆに入れる。鴨特有のクセが抜けてやわらかくなり、うまみも増す。鴨は埼玉・幸手《さって》産を主軸とする。野趣のある味わいが特長のこの品は太打ちの田舎そばがよく合う。

【材料】（1人分）

そば（田舎そば／ゆでる）……150g
かけつゆ……500cc
鴨の胸肉（そぎ切り）……100g
ネギ（小口から十字に切り込みを入れる）
　…… 6㎝× 2 本
薬味……各適量
　小ネギ（小口切り）
　ダイコン（すりおろす）
　七味唐辛子

【つくり方】

❶鍋で酒（分量外）を沸かし、鴨の胸肉をくぐらせて霜降りする。
❷別の鍋でかけつゆを沸かし、ネギを加える。ネギに火が通ったら①を加え、鴨肉にさっと火を通す。
❸器にそば、②の鴨肉とネギを盛り、②のつゆを張る。
❹薬味とともに提供する。

そばとろせいろ

ヤマノイモ属のイモ（ヤマイモ）はナガイモ、イチョウイモ、ヤマトイモの品種別に大別されるが、関東ではイチョウイモを「ヤマトイモ」と呼ぶ。ここで使うのもイチョウイモ。すりこぎですってなめらかに仕上げ、もりつゆとよく混ぜ合わせる。

【材料】（1人分）

そば（ゆでる）……150g
もりつゆ……100cc
ヤマトイモ＊（すりおろす）……100g
卵…… 1個
ワサビ（すりおろす）……適量
青海苔……適量

＊イチョウイモのこと

【つくり方】

❶すりおろしたヤマトイモをすり鉢とすりこぎでさらにする。
❷ボウルに①、もりつゆを合わせ、ゴムベラでよく混ぜ合わせる。
❸器に②を注ぎ入れ、青海苔を中央にあしらう。
❹ざるにそばを盛り、③、卵、ワサビとともに提供する。

山かけそば

すり鉢とすりこぎでなめらかな口あたりに整えたイモを、かけつゆ、卵白とともに空気を抱き込ませるように混ぜてふわふわに仕上げる。卵黄を落として焼き海苔を散らし、おぼろ月を模した盛りつけで。

【材料】（1人分）

そば（ゆでる）……150g
かけつゆ……500cc強
ヤマトイモ＊（すりおろす）……100g
卵（卵黄と卵白にわける）……1個
焼き海苔（ちぎる）……適量
薬味……各適量
　小ネギ（小口切り）
　ダイコン（すりおろす）
　七味唐辛子

＊イチョウイモのこと

【つくり方】

❶すりおろしたヤマトイモをすり鉢とすりこぎでさらにする。
❷ボウルに①、かけつゆ大さじ2、卵白を合わせ、空気を抱き込ませるようにゴムベラでよく混ぜ合わせる。
❸鍋で残りのかけつゆを沸かす。
❹器にそばを盛り、③を張る。
❺②を流し入れて卵黄を中央にのせ、焼き海苔を散らす。
❻薬味とともに提供する。

上天ぷら付二色

定番のエビや季節の食材の天ぷらと冷たいそばの組み合わせ。写真は「おせいろ」と「田舎」のそば2種を盛り合わせている二色。「上天ぷらそば」(23ページ)は、天ぷらに温かい「かけそば」を合わせたもの。

【材料】(1人分)

そば(ゆでる)……85g
そば(田舎そば/ゆでる)……85g
もりつゆ……100cc
天ぷら
　クルマエビ…… 2尾
　くみ上げ湯葉のシソ巻き……1個
　タケノコ……適量
　ヒラタケ*……適量
　万願寺トウガラシ……1本
　オクラ……1本
　レンコン……適量
　ナス……適量
　カボチャ……適量
天ぷら衣(以下はつくりやすい分量)
　薄力粉……200g
　卵黄…… 1個分
　冷水……500cc
揚げ油……適量
藻塩……適量
薬味……各適量
　小ネギ(小口切り)
　ダイコン(すりおろす)
　七味唐辛子

*ホクト㈱の「霜降りひらたけ」

【つくり方】

❶天種に天ぷら衣をつけて揚げ油で揚げる。
❷ざるにそば2種を盛り合わせる。
❸①、もりつゆ、藻塩、薬味とともに提供する。

上天ぷらそば

【材料】（1人分）

そば（ゆでる）……150g
かけつゆ……500cc
モロッコインゲン（塩ゆでする）……適量
ユズの皮（黄／細切り）……適量

天ぷら

クルマエビ…… 2尾
くみ上げ湯葉のシソ巻き……1個
タケノコ……適量
ヒラタケ＊……適量
万願寺トウガラシ……1本
オクラ……1本
レンコン……適量
ナス……適量
カボチャ……適量

天ぷら衣（以下はつくりやすい分量）

薄力粉……200g
卵黄…… 1個分
冷水……500cc

揚げ油……適量

薬味……各適量

小ネギ（小口切り）
ダイコン（すりおろす）
七味唐辛子

＊ホクト㈱の「霜降りひらたけ」

【つくり方】

❶天種に天ぷら衣をつけて揚げ油で揚げる。
❷鍋でかけつゆを沸かす。
❸器にそばを盛り、②を張る。モロッコインゲン、ユズの皮を天にあしらう。
❹①、薬味とともに提供する。

七味唐辛子

【材料】（つくりやすい分量）

タカノツメの粉末……600g
粉山椒……20g
麻の実……1kg
ゴマ
　白ゴマ……1kg
　黒ゴマ……1kg
ケシの実……20g
青海苔……600g
ユズの皮……20g

【つくり方】

❶タカノツメの粉末を煎る。
❷麻の実は煎った後、半つぶし程度にすりつぶす。
❸白ゴマ、黒ゴマは煎った後、半つぶし程度にすりつぶす。
❹ケシの実は煎る。
❺青海苔は袋の中で揉んで微粉にする。
❻ユズの皮は干した後、すりつぶす。
❼ボウルに①〜⑥、粉山椒を合わせ、ゴム手袋をした手で混ぜ合わせる。

辛みだけでなく香りを重視した材料、つくり方としている。夏場以外の季節には店頭販売する時季もある。
なお、煎ったタカノツメの粉末は「唐辛子粉」と呼び、一味唐辛子代わりにさまざまな料理に使う。

そばみそ

【材料】（つくりやすい分量分）

ソバの抜き実（素揚げする）……500g
A
　信州味噌…… 1kg
　　赤味噌……500g
　　白味噌……500g
　酒……200cc
　ミリン……200cc
　上白糖……380g
　唐辛子粉……少量

【つくり方】

❶鍋にAを合わせ、弱火にかけながら木ベラでじっくりと練る。
❷硬くなったら火を止め、ソバの抜き実を混ぜる。

味噌は熟成期間の異なる赤味噌、白味噌の合わせ味噌。ソバの抜き実は煎るのではなく素揚げしており、
これは食感が軽くなってよりよくなるということに加え、香ばしさとコクが増すと考えてのこと。

そばがき

そばがきはそば粉の原始的な食べ方。そば切りが考案されるまではソバの粉食としては当たり前だった。このことを踏まえると、ソバを扱うそば屋がそばがきを提供するのは自然なことであり、かつ、そば粉のいろいろな利用方法を提案したいと考え、そば料理に取り組みはじめた50年ほど前からつくり続けている。酒のつまみにも甘味にもなり、まさにつくり手のアイデア次第だ。

材料のそば粉は自家製粉の並粉(10、11ページ参照)。つくり方は、火にかけてそば粉を練る、いわゆる「鍋がき」。鍋にそば粉とそば釜の湯(そば湯)を合わせ、釜の湯で湯煎しながら練る。

そばがきの練り方

そば粉は並粉。味わいがくどくなるので甘皮粉は加えない。①鍋にそば粉を入れ、沸いているそば釜の湯にあててそば粉を熱湯と同じぐらいの温度まで温める。そば粉を温めたうえで釜の湯(そば湯)を合わせるとできあがりが早い。②そば粉が温まったら、鍋に釜の湯(粉と同割)を加え(写真1)、湯煎しながら木ベラで練る。湯煎するのは冷まさないためで、そばがきはやはり熱々がおいしいから。③最初はぼそぼそしている(写真2)が、次第に粘り、つや、なめらかさが出てくる。なめらかになり、耳たぶより少しやわらかいぐらいになったら仕上がり(写真3)。

そば餅とそば焼き餅

そばがきをほどよい大きさに丸めたものが「そば餅」で、そば餅を焼いたものが「そば焼き餅」。そば焼き餅には焼いた香ばしさが加わり、そばがきとはひと味違った味わいとなる。

甘味への応用

そばがきやそば焼き餅は、小豆を甘く炊いた餡などと合わせれば甘味になる。そばがきで粒餡を包んで黒豆きな粉をまぶした「伊吹だんご」(28ページ)は男性客のファンが多い。

そばがき

自家製粉の並粉を使う。ソバの味、香りをしっかりと感じながらもくどさのない、品のあるおいしさがイメージ。耳たぶより少しやわらかいぐらいに練り、熱々で提供する。つくり方は25ページも参照。

【材料】（1人分）

そばがき

そば粉……100g
熱湯……100cc

仕上げ

A ｜ サヤエンドウ（塩ゆで）……少量
　｜ ユズの皮（黄／細切り）……少量

生醤油……適量
薬味……各適量
　糸がき（カツオ本枯節）
　焼き海苔（細切り）
　オオバ（せん切り）
　小ネギ（小口切り）

【つくり方】

そばがき

❶鍋にそば粉を入れ、沸き立っているそば釜の湯に鍋ごとあてて、そば粉を熱湯と同じぐらいの温度まで温める。
❷①の鍋に熱湯（そば釜の湯）を加え、沸き立っているそば釜の湯で湯煎しながら木ベラでよく混ぜ合わせ、そのまま練っていく（ぼそぼそした状態から次第に粘り、つや、なめらかさが出てくる）。
❸全体につやが出てきれいになめらかになり、耳たぶより少しやわらかい程度の食感になったら仕上がり。

仕上げ

❶そばがきを適宜に形づくり、器に盛る。
❷①の器にそば釜の湯を張り、Aを天にあしらう。
❸生醤油、薬味とともに提供する。

そば串

【材料】（1人分）

そばがき

そば粉……70g
熱湯……70cc

田楽味噌のベース＊（湯煎する）
……適量（以下はつくりやすい分量）

味噌……1kg（以下の数字は割合）
信州味噌…… 5
田舎味噌…… 5
砂糖……500g
ミリン……200cc
酒……100cc

ソバの抜き実（煎る）……少量

＊116ページ参照

【つくり方】

❶そばがきを小判形に整える。
❷焼き網を弱～中火にかけ、その上で①を両面にほどよく焦げ目がつくまで焼く。
❸②に竹串を刺して田楽味噌のベース（後述）を塗り、ソバの抜き実を散らす。

田楽味噌

❶鍋に材料を合わせ、木ベラで練りながら弱火で30～40分間炊く。

練りあげたそばがきを小判形に整えて焼き網にのせ、両面をあぶる。上面に塗っている田楽味噌は、春は蕗味噌、夏は生姜味噌、秋・冬は山椒味噌などのように季節で味わいを変えている。

甘辛だんご

【材料】（1人分）

そばがき

そば粉……100g
熱湯……100cc

粒餡（解説省略）……適量
濃口醤油……適量

【つくり方】

❶そばがきをひと口大にとり、3個は丸め、残り3個は円盤形に形づくる。
❷①の丸めたそばがきを手のひらで軽くつぶし、上に粒餡をのせる。
❸焼き網を弱～中火にかけ、①の円盤形のそばがきをのせて両面を1回ずつ濃口醤油でつけ焼きする。
❹皿に②、③を盛り合わせる。

そばがきを丸めた「そば餅」、そば餅を焼き網の上で軽く焼いた「そば焼き餅」の盛り合わせ。前者には店で炊いている粒餡を合わせ、後者は醤油でつけ焼きにし、そばがきを異なる2種の味わいとした。

伊吹だんご

「蕎仙坊」定番の甘味のひとつ。練りたてのそばがきでたっぷりの粒餡を包み、黒豆きな粉をまぶす。熱々のそばがきで手早く餡を包むは意外と難しい。女性客はもとより、男性客からも好評の一品。

【材料】（3個分）

そばがき

　そば粉……100g

　熱湯……100cc

粒餡（解説省略）……適量

黒豆きな粉……適量

【つくり方】

❶そばがきで粒餡を包み、適宜に形づくる。

❷①に黒豆きな粉をまぶし、指で押してへそをつくる。

そばがき三色盛り

【材料】（1人分）

そばがき

そば粉……100g

熱湯……100cc

A　黒豆きな粉……大さじ1
　　上白糖……小さじ1

B　ダイコン（すりおろす）……適量
　　濃口醤油……少量

C　粒餡（解説省略）……適量
　　熱湯……少量

【つくり方】

❶そばがきをひと口大にとり、A、B、Cをそれぞれからめる。

❷皿に①を盛り合わせる。

「甘辛だんご」（27ページ）と同様に、そばがきは甘くも辛くも仕立てられることを表したひと皿。アイデアと組み合わせる食材次第で、そばがきはどのような料理、甘味にもなる。

そばがきしるこ

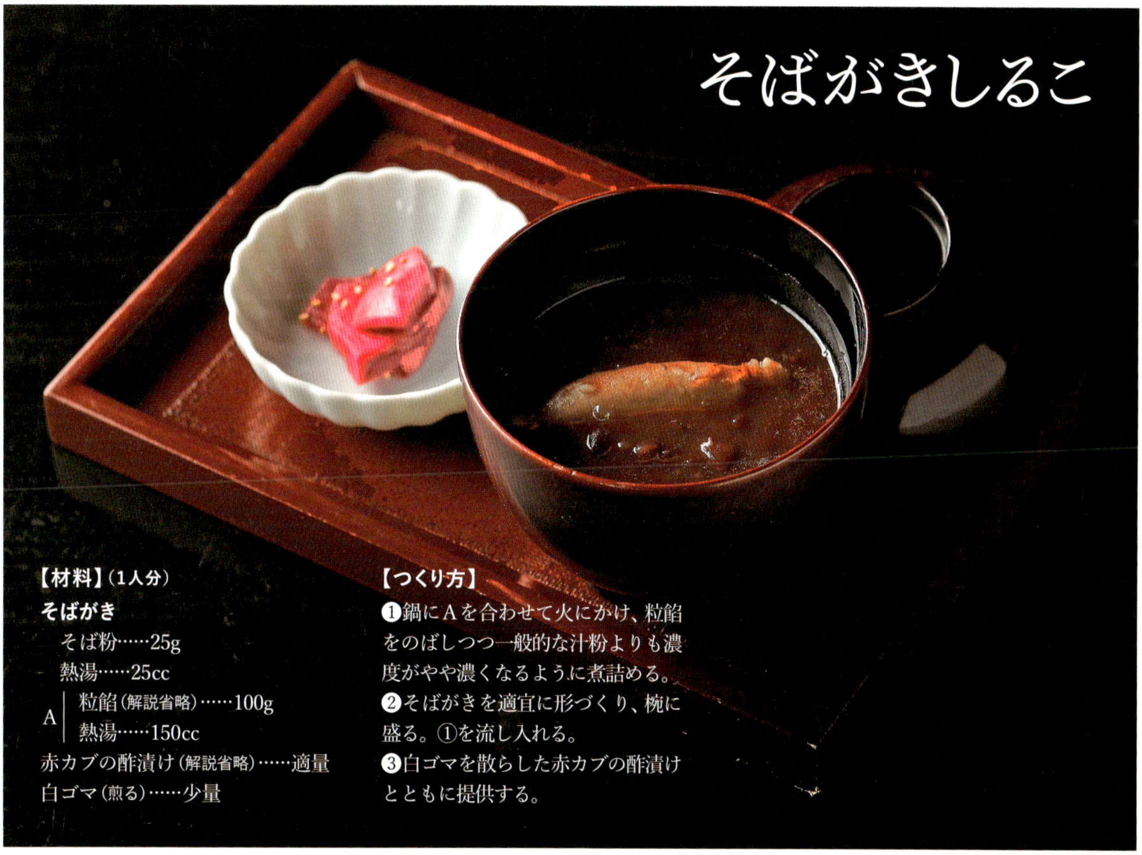

【材料】（1人分）

そばがき

そば粉……25g

熱湯……25cc

A　粒餡（解説省略）……100g
　　熱湯……150cc

赤カブの酢漬け（解説省略）……適量

白ゴマ（煎る）……少量

【つくり方】

❶鍋にAを合わせて火にかけ、粒餡をのばしつつ一般的な汁粉よりも濃度がやや濃くなるように煮詰める。

❷そばがきを適宜に形づくり、椀に盛る。①を流し入れる。

❸白ゴマを散らした赤カブの酢漬けとともに提供する。

「伊吹だんご」（28ページ）とともに定番の甘味。こちらも根強い男性客のファンが多い。そばがきの味わいや食感に合わせて粒餡ののばし方を変え、甘みと小豆の存在感を調整すると完成度が高まる。

御客様各位へ
055-998-0170

十二ヵ月、とりどりの変わりそば

「変わりそば」とは、そば粉にいろいろな混ぜ物をして打ったそばのこと。
季節に応じた混ぜ物を使うと季節感を演出でき、メニューの幅を広げるのに役立つ。
本来はさらしな粉に限らず、そば粉に混ぜ物を加えて打つそばの総称だが、
さらしな粉を使えば、もちろん色がより鮮やかに出る。ただし、さらしな粉で変わりそばを打つためには、
さらしなそばの手打ち技術の習得が大前提になる。また、さらしな粉や混ぜ物の仕入れルートの確保も不可欠だ。
ここでは、1月〜12月の各月に適した12種の変わりそばを提案する。

一月

睦月《むつき》

さらしなそば

つやのある真っ白な美しさと
ほのかなに感じられる風味、
締まった舌触りも魅力

さらしな粉（御膳粉）で打つそばをさらしなそばと呼ぶ。さらしな粉はソバの実の芯の部分、ほぼでんぷん質で構成される部分のみを挽いた粉であり、真っ白でホシ（甘皮や殻の微粉）がまったく含まれず、香りもほとんどない。そばをつなげる力となるたんぱく質はほとんど含まれていないため、通常のそば粉のように水で打つのは至難の業である。そこで編み出されたのが、熱湯を用いることででんぷんを糊化《こか》（α化）して粘性を引き出し、その粘りの力でつなぐ湯ごねの手法である。

使用するそば粉の量は、総量で1・2kg（さらしな粉840g、強力粉360g）。いわゆる七三の割合である。熱湯は600cc。なお、以降のページで紹介する変わりそばの場合も同割合の混合粉を用いるが、湯の量は変わる。

まず、できるだけ沸騰状態に近い熱湯をさらしな粉の中央部分を中心に一気にかけ回しながら、箸ですばやくかき混ぜる。続けてすぐに両手で全体に湯を回していく。その間にも湯温はどんどん下がっていくが、温度が下がりすぎてしまうとでんぷんを十分に糊化して生地をつなぐ力を引き出すことができない。いかに速く熱湯を粉になじませるか。これがさらしなそばを打つ際の最大のポイントである。また、熱湯はかき混ぜているうちにもどんどん蒸発してしまうため、木鉢の内側に付着した蒸気の水分も逃さずに混ぜ込むことも大事だ。

50℃ほどに下がってきたら強力粉を加えて扇風機の風でさらに温度を下げながらかき混ぜ続ける。そうして粉が常温になったところで水分が足りないようなら、調整の水を少量加える（写真5〜8）。

変わりそばの場合は、この水分の調整が済んだ段階で混ぜ物を加え、水回しを続けながらすばやく粉になじませるようにする。ヨモギなど植物性の混ぜ物は熱が残っていると変色する場合もある。

さらしな粉の水回しは通常のそば粉に比べて時間がかかるが、丹念に水を回していけば次第にしっとりとまとまってくる。とはいえ、さらしな粉の生地は粘りが少ないので、より丹念に練り込みながら玉にくくり、円盤状にまとめあげる。

次に延しの工程に入る。通常のそば打ちでは、まず手のひらでの地延しによってできるだけ大きく（薄く）してから丸出しに移るが、「蕎仙坊」では最初から延し棒で徐々に薄く延していく。大変デリケートな生地なのでできるだけ負担をかけないようにするため、そして作業効率

1

2

3

4

5

6

7

8

9

10

11
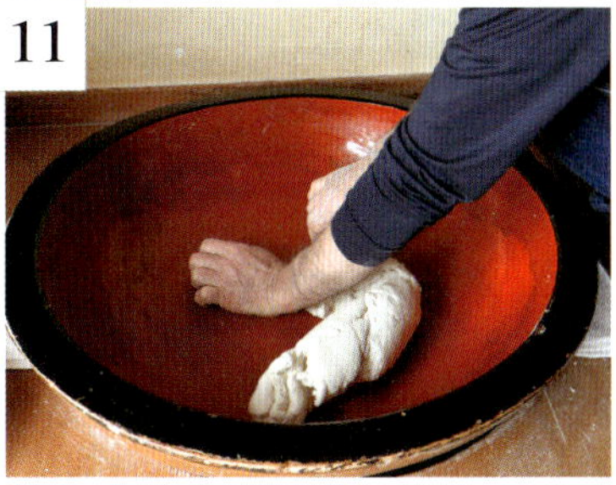
12

13

14

15

16

17

18

19

20

21

22

23

24

25

26

27

を考えてのことだ。打ち粉はごく控えめ。生地の水分が奪い取られて切れやすくなるのを避けるためである。

この後は四つ出し、本延しと進めていくが、とにかく無理のきかない生地であることを念頭に置いて、延し棒を大きく動かさず、少しずつ、かつスピーディーに均等な厚さ（薄さ）に延していく。本延しでの注意点は、延し棒への力のかけ方。通常のそば打ちでは前後の方向に向かって延していくが、さらしなそばの場合はできるだけ小刻みな延し棒の動きで、前後よりもむしろ垂直方向へ延し押さえるように力を入れる。

最終的な生地の厚みは約1㎜。切り幅は厚みと同じで切り口は正方形になる。ゆで時間は20秒。

なお湯ごねの手法には、熱湯でしっかりと糊化したそばがきをつくり、これをつなぎとしてこねていく友つなぎなどの手法もある。

二月

如月《きさらぎ》

磯《いそ》切り

海苔を微粉状にして混ぜ込み
新春の磯の香りを打ち込む。
ゆでる際は湯の返りで火を通す

1

2

3

4

5

6

7

8

9

10

11

12

「海苔切り」とも呼ばれる。五色そばでは胡麻切りの代わりに「黒」として用いられることもある。

一般に、東京のそば店では板状の浅草海苔を用いるとされるが、「蕎仙坊」では浜松・浜名湖産の青海苔を使用している。深い緑色で磯の香りが強く、繊維がなめらかで舌触りがよいといった特長を持ち、通常の板海苔とされるほか、地元では生海苔のまま味噌汁の具にしたり佃煮に加工されたりしている。蕎仙坊では、乾燥して粉末状にしたものを仕入れているが、浅草海苔を使用する場合はよくあぶってからミキサーで粉末にし、さらにふるいにかけて微粉状にするとよい。

混ぜ込む量は粉の総量1・2kgに対して12g、湯は650cc。海苔が水気を吸うので湯は多め。切れやすいので、ゆでる際は湯の返りだけで火を通し、ゆで箸は使わない。

三月

弥生《やよい》

桜《さくら》切り

長期間塩漬けした桜の葉の独特の芳香が、春らしさを感じさせる

1

2

3

4

5

6

7
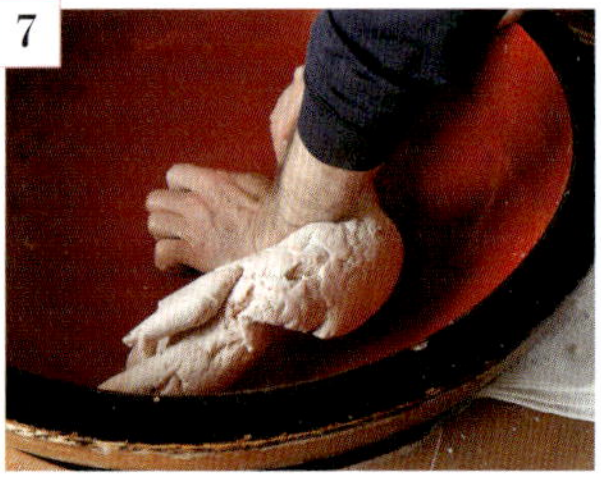

8
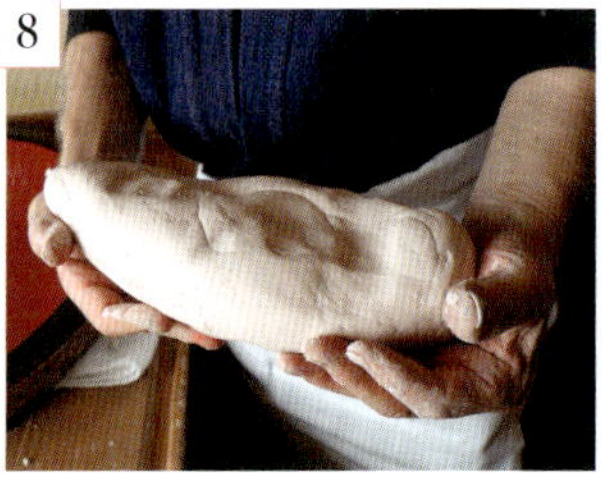

9

10

11

12

「桜そば」ともいう。昔から春の本格的到来を象徴してきた、桜を打ち込む変わりそばである。混ぜ物として使うのは塩漬けにした桜の葉。かつて桜湯用の花を塩抜きして試したことがあったが、ほのかな香りはあるものの肝心の色が出ず、塩漬けにした桜の葉を選んでいる。

一般に使われるのは和菓子材料として市販されている桜葉漬け。おおむね半年から1年間という長期間塩漬けすることによって生じる独特の芳香は、桜餅でおなじみになっている。使用する際には水に浸けて塩抜きした後にミキサーで糊状にするが、「蕎仙坊」ではフリーズドライにしたものを粉末化して使う。粉末化していないものと比べると価格は比較的高いが、冷凍保存が利くため使い勝手がよい。香りが強いので、混ぜ込む量は粉の総量1・2kgに対して3g。湯は標準の600cc。水回しの段階で少量の色粉(赤)を加える。

四月

卯月《うづき》

よもぎ切り

1

2

3

4

5

6

7

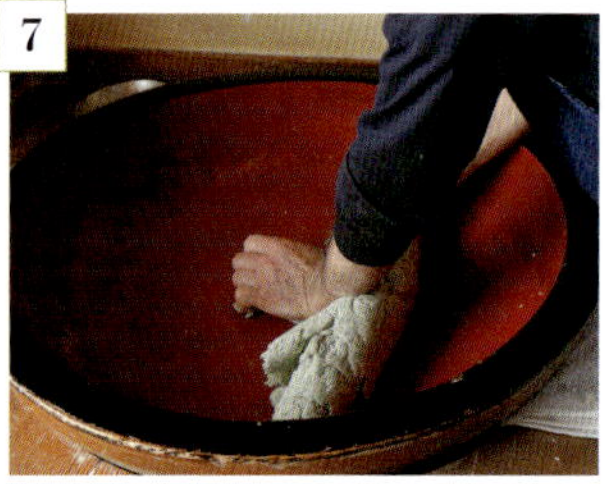

8

9

10

11

12

ヨモギの葉を練り込み、春の野の淡い緑とみずみずしい香りを楽しむ

「草切り」ともいう。ヨモギの葉を練り込み、春の野のみずみずしい香りと、淡い緑の色合いを楽しむ変わりそばである。

　生の葉を使う場合は、重曹を少し加えてゆでてからミキサーにかけて細かくして混ぜ込むが、非常に手間がかかる。そのため「蕎仙坊」では、代用として葉をフリーズドライにしたものを使用している。使用量は、粉の総量1・2kgに対して9g、湯は650cc。

　ヨモギは古くから草餅や草団子の材料とされてきたが、江戸時代には、草餅は三月三日のひな祭りでの内裏びなへの供え物とされた。古川柳に「草餅のひゞき冠が横たわり」。臼で草餅をつく光景を詠んだ句である。ただし、幕末の風俗考証書『守貞謾稿《もりさだまんこう》』によれば、関西ではヨモギの葉を入れてついたが、江戸ではヨモギを入れるのはまれであり、青粉で染めることが多かったという。

五月

皐月《さつき》

海老《えび》切り

**サクラエビ特有の
やさしい桜色と香りが、
春の息吹を感じさせる**

1

2

3

4

5

6

7

8

9

10

11

12

海老切りは生のエビの身を練り込むものと、干しサクラエビを用いるものとに大別されるが、ここでは干しサクラエビを使う手法を紹介する。

「蕎仙坊」で使っているのは、目玉とヒゲを除去した干しサクラエビを微粉状に加工したもので、扱いやすい。サクラエビ漁の本場と知られる静岡・由比に近いという地の利を生かした品書きである。打ち込む量は、粉の総量1・2kgに対して9g。湯は650ccとやや多め。注意点は、十分に練り込んでムラができないようにすること。見栄えがおかしいだけでなく切れやすくなるためだ。

海老切りは江戸時代中期、寛政12年（1800年）の料理書に登場するのが初見だが、これは伊勢エビのすり身を打ち込んだもの。しかも料理材料として扱われており、食べ方は不明。五色そばでは「赤」としても欠かせない。

六月

水無月《みなづき》

茶《ちゃ》切り

日本人になじみ深い緑茶の独特の甘みや渋み、爽快感のある香りも魅力

「茶そば」ともいう。初見は江戸時代中期、安永4年（1775年）脱稿の『そば手引草《てびきぐさ》』に「茶蕎麦」として「色新蕎（麦）のごとく美なり」と記されている。幕末に近い天保12年（1841年）の江戸見聞記『江戸見草《えどみぐさ》』は市中のそば店での価格（品書きは「茶そば」）を紹介しているが、二八そば16文の時代に200文という高級品だった。茶の名産地静岡の郷土そばとしても知られる。

茶切りは抹茶（挽き茶）を練り込むだけの変わりそばであり、最近は乾麺も出回っているほどポピュラーになっており、加える抹茶の量もまちまち。「蕎仙坊」では粉の総量1・2kgに対して15g使用する。抹茶が水分をよく吸収するので湯の量は680ccと多め。生地を練りすぎると延しの際に切れやすくなる。また、延しの工程では生地が乾きやすいので、「ほど」の見極めが大切という。

七月

文月《ふみづき》

青柚子《あおゆず》切り

1

2

3

4

5

6

7

8

9

10

11

12

冬の柚子切りとは対照的。淡い緑の爽やかな色合いに、涼しげな清涼感が溢れる

冬の柚子切りと違い、深い緑色の未熟な実の皮を使う。出回り時期は6月後半ごろから7～8月の盛夏にかけて。日本料理では吸い物や椀物の吸い口(香味料)として重宝されるが、流通量は少ない。ほのかに緑色に染まった麺線にぽつんぽつんと小さな緑色の点が浮かぶさまは、見るからに清涼感に溢れ、蒸し暑い季節にふさわしい。

「蕎仙坊」では埼玉・越生《おごせ》のユズ栽培農家と契約しており、毎年一定の大きさになったところでまとめて送られてくる。これを丸のまま冷凍保存しておく。

混ぜ込む量は粉の総量1・2kgに対して、径5cmほどの大きさで3個分。ヘタを除いた皮の表面部分のみを、目の細かいおろし金で軽くすりおろす。冷凍したまま使うので、短時間水に浸けておくとすりおろしやすくなる。皮自体にかなり水分が含まれているため、湯の量は550ccと控えめ。

八月

葉月《はづき》

レモン切り

夏の盛りの暑い日にも
すっきりと味わえる、
透明感ある爽やかさが持ち味

開業前の「中山一茶庵」時代から数々の変わりそばで好評を得ていたが、このレモン切りは裾野で「蕎仙坊」を開いてから考案したもの。夏場の変わりそばとしては青紫蘇切りや笹切りなどもあるが、とりわけ暑い日にも、すっきりと味わえることに重点を置いて編み出した品書きである。

色物としては「黄」。同じく柑橘類のユズと同じ部類に入るが、寒い冬にほのかな温かみを感じさせるユズとはまた違った、色、香りともに透明感のある爽やかさが持ち味の変わりそばとなる。

使っているのは、農薬の心配のない国産(神奈川・真鶴《まなづる》、静岡・沼津近辺など)。レモンの皮は薄いうえに苦みが出やすいので、目の細かいおろし金で皮の表面だけを軽くおろす。混ぜ込む量は粉の総量1・2㎏に対して3個分。入れすぎると麺が切れやすくなるので注意が必要だ。湯は550cc。

九月

長月《ながつき》

芥子《けし》切り

ケシの実ならではの香ばしい香りと、粒々の舌触りが独特の味わい

ほかの変わりそばにはない香ばしい香りと、細かい粒々の舌触りが持ち味。混ぜ物に用いるケシは通常「ケシの実」と呼ばれることが多いが、正しくはケシの種子であり、英名はポピーシード。身近なところでは七味唐辛子の材料のひとつでもあり、あんパンの飾りとしても使われている。通常は、和菓子材料店で販売されている。

ケシの実の下処理で大事なことは特有の香りを十分に引き出すこと。フライパンに入れて弱火にかけ、パチパチと激しくはじけるようになり、香ばしさと色みが出るまで揺すりながらじっくりと煎る(写真2)。深く煎りすぎると苦みやえぐみが出てしまうので注意。

混ぜ込む量は粉の総量1・2kgに対して9〜12g。湯は650ccと多め。延しの段階ではとくに破れやすくはないが、ゆでると切れやすくなるため、ほどほどに薄く延すとよい。

十月

神無月《かんなづき》

卵《らん》切り

卵黄を打ち込んだ
もっとも歴史の古い変わりそば。
ゆであがりの見きわめがポイント

1

2

3

4

5

6

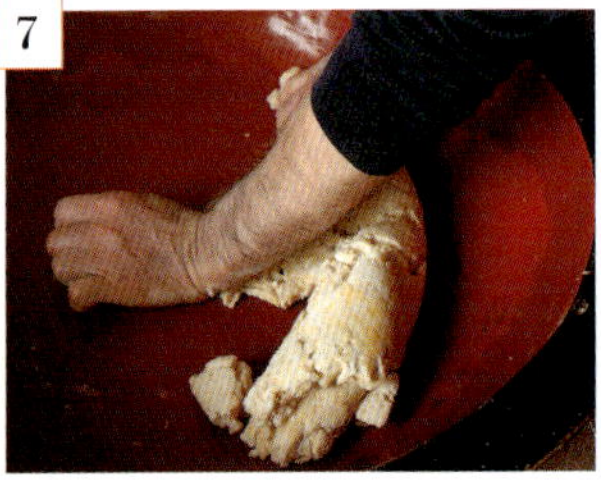
7

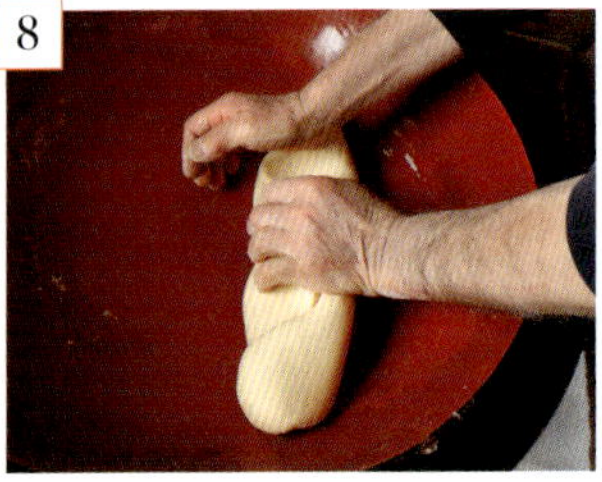
8

9

10

11

12

もっとも古くからある変わりそばである。初出は江戸時代中期の寛延3年(1750年)刊の料理書『料理山海郷《りょうりさんかいきょう》』で、「玉子蕎麦切」と紹介されている。そば粉1升に卵10個を入れて打つとあるが、料理の材料として用いられたらしい。当時は高価だった卵を使うためか、幕末の品書きでは1人前200文という記録が残されている。

卵切りに使用するのは卵黄のみで、粉の総量1・2kgに対して大きめの鶏卵6個分。「蕎仙坊」は自然卵を使っているため、麺の色はあまり濃くならない。湯の量は鶏卵が入るぶん少なめで500cc。比較的打ちやすいが、ゆであがりの見極めは難しく、ゆですぎに注意する必要がある。

なお、伝統的な製法では卵黄のみで打つ。湯ごねにしないだけでなく水もいっさい使わないため使用する卵黄も多く、粉100gに対して2～3個程度である。

十二月

霜月《しもつき》

枸杞《くこ》切り

**独特のほのかな甘さと
やや酸味を帯びた味が
変わりそばの幅を広げる**

1

2

3

4

5

6

7

8
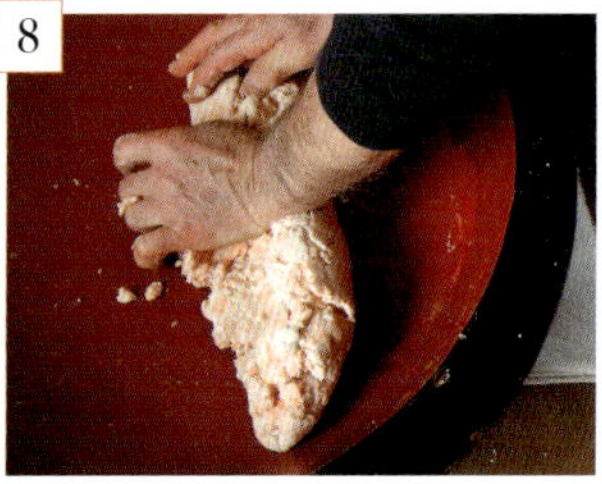

9

10

11

12

伝統的な混ぜ物から幅を広げて、色がよく、健康にもよい素材として知られるクコの実を練り込んだ変わりそば。クコの実は中国では古くから薬膳のポピュラーな素材のひとつとして親しまれ、さまざまな料理に使われているが、近年は美容・健康食の観点からも注目され、英名ゴジベリーの名で知られるようにもなっている。また、クコは実だけでなく葉や根にも薬効があるとされる。

変わりそばに用いるのは乾燥させた実。ぬるま湯に2〜3時間以上浸けてから、1・5倍の量の水を加えて火にかける。沸騰したら弱火で5分間ほど煮てやわらかくし、ミキサーにかけて裏漉しして種を除き混ぜ物とする（写真1）。分量は粉の総量1・2kgに対して90g。湯は500cc。ほのかに甘い香りとやや酸味を帯びた味が特徴。きれいな色合いから、「蕎仙坊」では「もみじ切り」としている。

十二月

師走《しわす》

柚子《ゆず》切り

師走の柚子湯の時季に
ふさわしい季節感と、
江戸風情の漂う変わりそば

冬季に出回るユズの黄色い皮を練り込む。数ある変わりそばの中でも、茶切りと並んでもっともポピュラーな品書きである。

俳句では柚子は晩秋の季語だが柚子湯は冬。東京のそば店では、江戸時代からの柚子湯の習慣と結びつけ、冬至の時季に合わせて提供することが多い。五色そばでは「黄」として用いられる。この時季のユズは特有の強い芳香ばかりでなく皮の黄色も美しく、昔から料理に彩りを添える薬味としても愛でられてきた。そば店では鴨南蛮や天ぷらそばなどに添えて季節感を表現することも少なくない。

ユズの皮の扱いは青ユズ(46ページ参照)と同じで、目の細かいおろし金で皮の表面部分をすりおろして混ぜ込む。粉の総量1・2kgに対して、大きめのユズの皮を3個分。湯は520cc。ミキサーを利用する場合は、皮の裏側の綿毛を除去して裏漉ししたものを使う。

献立集

春

SPRING

そば豆腐

【材料】（20㎝×20㎝×高さ5㎝の流し缶1台分）

そば豆腐

- A
  - そば粉（田舎そば用）……120g
  - ぬるま湯……1000cc
- B
  - 葛粉……60g
  - ぬるま湯……20cc

もりつゆ……適量

木ノ芽……適量

ユズの皮（黄／細切り）……適量

【つくり方】

❶鍋にAを合わせ、ダマにならないように泡立て器で手早く撹拌し、強火にかける。

❷計量カップにBを合わせ、撹拌して葛粉を溶かす。

❸①が沸き立ってきたら②を加え、泡立て器でよく撹拌して混ぜ合わせる。クツクツと泡立ってきたら火を止める。

❹③を流し缶に流し入れ、流水に浸して粗熱をとる。ラップ紙をかぶせ、冷蔵庫で一晩置いて冷やし固める。

❺流し缶からとり出して適宜に切って器に盛り、もりつゆを張る。木ノ芽やユズの皮などを天にあしらう。

蕗の薹の含め煮

【材料】（1人分）

フキノトウ…… 5～6個

A
- かけつゆ……200cc
- 濃口醤油……大さじ1/2
- 上白糖……大さじ1/2
- ミリン……小さじ1

【つくり方】

❶フキノトウを塩（少量／分量外）を加えた熱湯でしんなりするまでゆで、ザルにとって水気をきる。
❷鍋にAを合わせて沸かし、①を加えて弱火で含め煮にする。
❸冷まして煮浸しにする。

きゃら蕗

【材料】（1人分）

山フキ……細めのもの4～5本

A
- もりつゆ……50cc
- ミリン……10cc
- 酒……10cc
- 唐辛子粉……少量

ソバの抜き実（煎る）……適量

【つくり方】

❶フキに塩（少量／分量外）をふり、板ずりする。
❷①を塩（少量／分量外）を加えた熱湯でゆで、青みがさえたらザルにとって水にさらす。皮をむく。
❸②を長さ5～6㎝に切る。
❹鍋にAを合わせて沸かし、③を加えて弱火で煮含める。
❺器に④を盛り、ソバの抜き実を天にあしらう。

菜の花のお浸し

【材料】（1人分）
ナノハナ……50g
濃口醬油……適量
ソバの抜き実（ゆでる）……少量

【つくり方】
❶ナノハナを塩（少量／分量外）を加えた熱湯でゆで、ザルにとって水気をきる。
❷①を適宜の長さに切る。
❸器に②を盛って濃口醬油をかけ、ソバの抜き実をあしらう。

山独活の辛子酢味噌

【材料】（1人分）
山ウド（短冊切り）…… 2本
辛子酢味噌
……適量（以下はつくりやすい分量）
信州味噌……大さじ2
もりつゆ……大さじ1/2
上白糖……大さじ1
酢……大さじ1
和ガラシ……小さじ1/2〜1
白ゴマ（煎る）……少量

【つくり方】
❶山ウドを塩（少量／分量外）を加えた熱湯でゆでる。
❷①を氷水に浸して冷やす。
❸辛子酢味噌の材料をよく混ぜ合わせる。
❹器に②を盛って③をかけ、白ゴマを天にあしらう。

梅板
そばの実添え

【材料】（1人分）

ソバの抜き実（ゆでる）…… 3g

A｜かまぼこ（小角切り）……50g
　｜オクラ（塩ゆでして小口切り）…… 2本

和え衣

梅干しを裏漉ししたもの……小さじ1
濃口醤油……小さじ1/3
ミリン……小さじ1/3

【つくり方】

❶Aを和え衣で和える。
❷器に①を盛り、ソバの抜き実を天に添える。

そばの実入り磯辺揚げ

【材料】（1人分）

ソバの抜き実（ゆでる）…… 5g

A｜ヤマトイモ＊（すりおろす）……45g
　｜塩……少量

焼き海苔……適量
揚げ油……適量
抹茶塩……少量

＊イチョウイモのこと

【つくり方】

❶ボウルにAを合わせ、よく混ぜ合わせる。
❷①をひと口大に丸め、焼き海苔で巻く。
❸②を揚げ油できつね色になるまで揚げる。
❹ざるに懐紙を敷いて③を盛り、抹茶塩とともに提供する。

山蕗と鴨煮浸し

【材料】（1人分）

山フキ……細めのもの4～5本
鴨の腿肉（ひと口大に切る）……40g

A	かけつゆ……200～300cc
	濃口醤油……大さじ1
	ミリン……大さじ1/2

【つくり方】

❶山フキに塩（少量／分量外）をふり、板ずりする。
❷①を塩（少量／分量外）を加えた熱湯でゆで、青みがさえたらザルにとって水にさらす。皮をむく。
❸②を長さ5～6㎝に切る。
❹鍋にAを合わせて沸かし、③、鴨の腿肉を加えて弱火で煮含める。
❺器に④を盛り、その煮汁をかける。

鴨と竹の子煮

【材料】（1人分）

鴨の胸肉（ひと口大に切る）……40g
タケノコの根元部分
（下ゆでしてひと口大に切る）……80～100g

A	かけつゆ……200cc
	濃口醤油……大さじ1/2～1
	ミリン……大さじ1/2
B	木ノ芽……少量
	花山椒……少量

【つくり方】

❶鍋にAを合わせて沸かし、鴨の胸肉、タケノコの根元部分を加えて弱火で煮含める。
❷器に①を盛り、Bを天にあしらう。

雲水そば

【材料】（1人分）

ソバの抜き実（ゆでる）……20〜25g
そば（幅広そば／ゆでる）……15g
ワラビ（ゆでて適宜に切る）
……適量

A
だし……360cc
濃口醤油……小さじ1
ミリン……小さじ1
塩……5g

【つくり方】

❶ソバの抜き実を冷蔵庫でしっかり冷やす。
❷鍋にAを合わせて沸かす。冷ました後、冷蔵庫で冷やす。
❸器に①、そばを盛り、②を張る。
❹ワラビを天にあしらう。

そばの実炒飯

【材料】（1人分）

ソバの抜き実（ゆでる）……35g

A
- 卵（溶きほぐす）…… 1個
- 生キクラゲ（みじん切り）…… 2枚
- 干しサクラエビ（細かくきざむ）…… 2～3g

ゴマ油……適量

B
- オイスターソース……小さじ1/2
- 濃口醤油……小さじ1/2
- 塩……小さじ1/3
- コショウ……少量

エダマメ（塩ゆでしてサヤから出す）…… 3粒

クレソン……適量

【つくり方】

❶フライパンにゴマ油をひき、Aを強火で炒める。

❷①にソバの抜き実を加えてさらに炒め、Bを加えて調味する。

❸椀に②を詰め、椀の天地を返して皿に盛る。

❹エダマメを③の天にあしらい、クレソンを添える。

そばおやき

しめじとこごみの油味噌風
蕗味噌

【材料】

おやきの生地（6～8個分）

そば粉……100g

薄力粉……50g

強力粉……50g

ヤマトイモ*（すりおろす）……30～45g

熱湯……180～220cc

酒……大さじ1

しめじとこごみの油味噌風

……適量（以下はつくりやすい分量）

ホンシメジ……適量

コゴミ……適量

信州味噌……大さじ1

上白糖……大さじ1/2

ミリン……少量

サラダ油……大さじ1/2

蕗味噌（解説省略）……適量

*イチョウイモのこと

【つくり方】

❶ボウルにおやきの生地の材料を合わせて混ぜ合わせ、こねる。常温で30分間ほど寝かせる。

❷フライパンにしめじとこごみの油味噌風の材料を合わせ、こねる。弱火で炒め煮する。

❸①で②を包み、形を整える。

❹①で蕗味噌を包み、形を整える。

❺フライパン（テフロン加工）で③、④を両面に焼き色がつくまで弱～中火で焼く。

そば刺し三種

短冊切り
そばの実入り
さらしな青海苔入り

【材料】（つくりやすい分量）

短冊切り・そばの実入りの生地

A
- そば粉……80g
- 強力粉……20g
- 水……50cc

ソバの抜き実（ゆでる）……少量

さらしな青海苔入りの生地

B
- さらしな粉……80g
- 強力粉……20g
- 熱湯……30〜40cc

青海苔……少量

仕上げ

ワサビ（すりおろす）……適量
濃口醤油……適量

【つくり方】

短冊切り・そばの実入りの生地

❶ボウルにAを合わせて混ぜ合わせ、こねる。
❷①を2等分し、一方は延し棒を使ってそのまま薄く延し、もう一方はソバの抜き実を加えてやや薄めに延す。
❸②の生地2種をそれぞれ短冊切りにする。

さらしな青海苔入りの生地

❶ボウルにBを合わせて混ぜ合わせ、こねる。
❷①に青海苔を加え、延し棒を使って薄く延す。
❸②の生地を型で円形に抜く。

仕上げ

❶3種の生地をそれぞれゆでる。
❷皿に3種のそば刺しを盛る。
❸ワサビ、濃口醤油とともに提供する。

そばずし海苔巻き

【材料】（1人分）

そば（硬めにゆでる）……100g
すし酢……適量（以下はつくりやすい分量）
- 酢……180cc
- 上白糖……大さじ5
- 塩……大さじ1

焼き海苔……適量

A
- えびのおぼろ（解説省略）……適量
- しいたけ甘煮（解説省略）……適量
- かんぴょう甘辛煮（解説省略）……適量
- キュウリ（細切り）……適量

もりつゆ……適量

【つくり方】

❶そばをザルにとり、すし酢をふりかけてなじませる。
❷巻き簾の上に①のそばを広げ、20〜30分間置いて乾かす。
❸②の上に焼き海苔をのせ、海苔が下になるように別の巻き簾にのせる。この上にAをのせて細巻きの要領で巻く。
❹適宜に切り、もりつゆとともに提供する。

茶巾《ちゃきん》そばずし 袱紗《ふくさ》そばずし

【材料】（1人分）

そば（硬めにゆでる）……100〜120g
すし酢……適量（以下はつくりやすい分量）
　酢……180cc
　上白糖……大さじ5
　塩……大さじ1
薄焼き卵（解説省略）……適量
A　えびのおぼろ（解説省略）……適量
　かんぴょう甘辛煮（解説省略）……適量
　エダマメ（塩ゆでしてサヤから出す）……適量
かんぴょう甘辛煮……適量
はじかみ……2本

【つくり方】

❶そばをザルにとり、すし酢をふりかけてなじませる。
❷巻き簾の上に①のそばを広げ、20〜30分間置いて乾かす。
❸茶巾そばずしをつくる。円形に焼いた薄焼き卵の中央に②、Aをのせて丸く包み、口をかんぴょう甘辛煮で結ぶ。
❹袱紗そばずしをつくる。円形に焼いた薄焼き卵に②、Aをのせ、ふくさをたたむように包む。
❺皿に③、④を盛り、茶巾そばずしの上にエダマメ（分量外）をのせる。はじかみを添える。

そば 生春巻き

【材料】（2人分）

生春巻きの皮（水に浸してもどす）……5枚
そば（ゆでる）……200g
レタス……適量
A　クルマエビ（塩ゆでして殻をむく）……5尾
　グリーンアスパラガス
　　（塩ゆでして適宜に切る）……適量
　パプリカ（赤／細切り）……適量
　キュウリ（細切り）……適量
　ネギ（せん切り）……適量
付合せ
　ブロッコリー（塩ゆでする）……適量
　ミニトマト……1個
　ミニセロリの葉……適量
ぽん酢（解説省略）……適量
小ネギ（小口切り）……適量
ピーナッツダレ……適量（以下はつくりやすい分量）
　ピーナッツペースト（無糖）……大さじ2
　酢……大さじ1
　上白糖……大さじ1
　ラー油……少量

【つくり方】

❶生春巻きの皮にレタスを敷いてそばを広げ、その上にAをバランスよくのせて巻く。
❷①を半分に切り、付合せとともに皿に盛る。
❸小ネギを加えたぽん酢、ピーナッツダレとともに提供する。

春の山菜そば

【材料】（1人分）

そば（田舎そば／ゆでる）……150g
かけつゆ……500cc
山菜とキノコ（ゆでて適宜に切る）……各適量
　山ウドの穂先
　コゴミ
　ワラビ
　ゼンマイ
　ネマガリタケ
　ナメコ

【つくり方】

❶鍋でかけつゆを沸かす。
❷器にそば、山菜とキノコを盛る。
❸②に①を張る。

山菜冷やしそば

【材料】（1人分）

そば（ゆでる）……170g
もりつゆ……100cc
山菜（ゆでて適宜に切る）……各適量
　ワラビ
　コゴミ
　フキ
　タラノメ
　新タケノコの穂先
　山ウド
ナメコ*（ゆでる）……適量
ナノハナ（ゆでて適宜に切る）……適量

*「ジャンボナメコ」などの名称で流通する、傘の直径が5㎝ほどの大きなもの

【つくり方】

❶器にそば、山菜を盛り、中央にナメコをのせてその上にナノハナをあしらう。
❷もりつゆをまわしかけて提供する。

そばサラダ

【材料】（1人分）

そば（ゆでる）……170g
グリーンリーフ*1……適量
A
　鶏のササミ（ゆでて適宜に切る）……適量
　カニ風味かまぼこ（適宜に割く）……適量
　パプリカ（赤／細切り）……適量
　グリーンアスパラガス（塩ゆでして適宜に切る）……1本
　ヤマトイモ*2（すりおろす）……適量
　海藻サラダ（市販品）……適量
　焼き海苔（細切り）……適量
タレ（冷やす）……適量（以下の数字は割合）
　かけつゆ……1
　もりつゆ……1
　酢……1/2〜1/3
　白ゴマ（煎ってする）……適量
　ラー油……適量

*1　結球しない葉レタスの一種。別名「グリーンカール」
*2　イチョウイモのこと

【つくり方】

❶冷やしておいた器にグリーンリーフを敷いてそばを盛り、その上にAをバランスよくのせる。
❷タレを撹拌し、ともに提供する。

じゅんさいそば

【材料】（1人分）

そば（ゆでる）……170g
かけつゆ（冷やす）……500cc
ジュンサイ……80〜100g
スダチ（輪切り）……適量
ワサビ（すりおろす）……適量

【つくり方】

❶鍋で湯を沸かし、ジュンサイを入れる。10秒ほど経ってきれいな緑色になったらザルにとり、氷水に浸して冷やす。
❷器にそば、①、スダチを盛り、ワサビを天にあしらう。
❸かけつゆを張る。

若竹の子そば

【材料】（1人分）

そば（ゆでる）……150g
かけつゆ……500cc
新タケノコの穂先（下ゆでする）
……適量
新ワカメ（水洗いして適宜に切る）
……適量
ナノハナ（塩ゆでして適宜に切る）
……適量

【つくり方】

❶新タケノコの穂先を立てて上から十字に包丁を入れて四つ割りにし、それぞれを薄く切る。
❷鍋でかけつゆを沸かす。
❸器にそばを盛って②を張り、①、新ワカメ、ナノハナをあしらう。

はまぐりそば

【材料】（1人分）

そば（ゆでる）……150g

A｜かけつゆ……500cc
A｜だし……かけつゆの1割ほど*

ハマグリ…… 5個

生ワカメ（適宜に切る）……適量

コゴミ（ゆでて適宜に切る）……少量

*ハマグリの塩分が加わってちょうどよくなるように量を調整する

【つくり方】

❶鍋にAを合わせて沸かす。

❷①にハマグリを加え、口が開くまで加熱する。

❸器にそばを盛って生ワカメを広げ、②のハマグリを盛る。

❹②のつゆを張り、中央にコゴミをあしらう。

鴨そばすき

【材料】（2人分）

そば（平打ちの田舎そば／ゆでる）……300g

つゆ

　かけつゆ……750cc

　だし……150cc

鴨の胸肉（薄めのそぎ切り）……適量

具材……各適量

　ウズラの卵（ゆでて殻をむく）

　がんもどき（地*で煮て下味をつける）

　丸コンニャク（地*で煮て下味をつける）

　紅葉麸（小口切り）

　タケノコ（下ゆでして適宜に切る）

　コゴミ（下ゆでして適宜に切る）

　サトイモ（下ゆでして皮をむき、適宜に切る）

　ネギ（適宜の長さに切り、断面に十字に切り込みを入れる）

　ダイコン（下ゆでして適宜に切る）

　ニンジン（下ゆでして適宜に切る）

　マイタケ（適宜に切る）

　シイタケ（軸をとって飾り包丁を入れる）

　フキ（下ゆでして適宜に切る）

　ナノハナ（下ゆでして適宜に切る）

　餅

*かけつゆ、濃口醤油、ミリンを合わせたもの

【つくり方】

❶鍋で酒（分量外）を沸かし、鴨の胸肉をくぐらせて霜降りする。

❷そばすき用の鍋につゆを張り、そばや具材とともに提供する。

献立集

夏

SUMMER

そばがらみ

【材料】（2～3人分）

A
- ソバの抜き実（ゆでる）……70g
- 生キクラゲ（せん切り）……５～６枚
- エノキタケ（石突きを切り落として長さ１～２㎝にきざむ）……1/2～１束
- タカノツメ（みじん切り）……適量

オオバ……１枚
濃口醬油……大さじ３～５
ミリン……大さじ１～１と1/2

【つくり方】

❶鍋にＡを合わせ、濃口醬油を加えて煎り煮する。
❷ミリンを加え、水分を飛ばすように炒める。
❸器にオオバを敷き、②を盛る。

板わさび

【材料】（1人分）

かまぼこ……60g

山葵漬け……適量（以下はつくりやすい分量）

　ワサビの根（せん切り）…… 1本（80〜100g）

　A｜酒粕……200〜300g
　　｜酒……100cc

　B｜練りワサビ（市販品）……大さじ1
　　｜上白糖……小さじ1と1/2

濃口醤油……適量

【つくり方】

❶かまぼこの断面が波状になるように飾り切りし、幅1cmほどに切り分ける。

❷かまぼこの上部に包丁で切り込みを入れ、山葵漬け（後述）を詰める。

❸皿に②を盛り、濃口醤油とともに提供する。

山葵漬け

❶Aを合わせてよく練り、やわらかくする。

❷ボウルにワサビの根、①を合わせて混ぜる。

❸②にBを加えてよく練る*。

*この状態で密閉容器に入れて冷蔵・冷凍保存が可能

梅板

【材料】（1人分）

かまぼこ（小角切り）……60g

A｜梅干しを裏漉ししたもの……大さじ1
　｜酒……大さじ1/2
　｜ミリン……小さじ1

オオバ（せん切り）……適量

【つくり方】

❶Aを混ぜ合わせる（梅干しがとろりとするまで酒で加減する）。

❷器にかまぼこを盛り、①をかけてオオバを散らす。

そばの実ふりかけ

【材料】（10～15人分）

ソバの抜き実……70g

A
- 削り節（カツオ本枯節）＊……400g
- 昆布＊（1.5cm角に切る）……40～50cm四方を1枚
- 濃口醤油……100cc
- ミリン……50cc
- 上白糖……大さじ1～1と1/2

B
- クルミ（きざむ）……総量の1/10
- 松ノ実（きざむ）……総量の1/10

＊だしをひいた後のものでもよい。その場合は水気をきる

【つくり方】

❶フライパンを弱火にかけてソバの抜き実を入れ、焦がさないように木ベラで混ぜながら香りが立つまで煎る。
❷鍋にAを合わせ、焦がさないように木ベラで混ぜながら煎り煮する。
❸②に①、Bを加え、水分が飛んでパラパラになるまで加熱する。

鴨ぜんまい

【材料】（2～3人分）

鴨の胸肉＊（ひと口大に切る）……100～150g
干しゼンマイ（水でもどして適宜に切る）……40～50g

A
- かけつゆ……200～300cc
- ミリン……大さじ2
- 上白糖……大さじ2

B
- 濃口醤油……大さじ1
- ミリン……大さじ2
- 上白糖……大さじ1/2

白ゴマ（煎る）……適量

＊端肉でもよい

【つくり方】

❶フライパンで鴨の胸肉を乾煎りする。出てきた脂分はとり除く。
❷鍋に①、Aを合わせて中火にかけて沸かし、干しゼンマイを加えて10分間ほど煮る。
❸鴨肉と干しゼンマイに味が浸透してきたらBを加え、味をととのえる。
❹器に盛り、白ゴマを散らす。

そばの実入り白和え

【材料】（つくりやすい分量）

豆腐（絹ごし）…… 1丁
糸コンニャク（食べやすい長さに切る）……200～250g
ニンジン（細切り）……中1本

A
- かけつゆ……300～400cc
- 上白糖……少量

B
- 白ゴマ（煎る）……大さじ3
- 濃口醤油……小さじ2
- 信州味噌……小さじ1
- 上白糖……大さじ2

C
- トウモロコシ（塩ゆでして実をはずす）……15g
- エダマメ（塩ゆでしてサヤから出す）……15g
- ソバの抜き実（ゆでる）…… 5g
- 柿（小さく切る）……適量

【つくり方】

❶豆腐をふきんで包んでザルに入れ、水きりする。
❷鍋に糸コンニャク、ニンジン、Aを合わせて煮る。冷ます。
❸すり鉢に①、Bを合わせ、ペースト状になるまでする。
❹③に②、Cを加えて和える。

冬瓜葛餡かけ

【材料】（1人分）
トウガン（皮をむいてひと口大に切る）……100〜120g
小エビ（塩ゆでして殻をむく）…… 2尾
サヤインゲン（塩ゆでして細切り）……少量
葛餡
ソバの抜き実（ゆでる）…… 3g
クルマエビ……50g
A｜だし……50cc
A｜上白糖……少量
A｜塩……少量
片栗粉（水で溶く）……適量

【つくり方】
❶トウガンを塩（少量／分量外）を加えた熱湯でやわらかくなるまでゆでる。ザルにとって冷ます。
❷器に①を盛って葛餡（後述）をかけ、小エビ、サヤインゲンを天にあしらう。
葛餡
❶クルマエビの頭と殻をはずし、身を包丁で叩いて細かくする。
❷鍋にAを合わせて沸かし、ソバの抜き実、①を加え、再び沸いたら片栗粉でやや硬めにとろみをつける。火を止めて冷ます。

茄子の鴨味噌田楽

【材料】（1人分）
折戸ナス＊1……1/2個
鴨味噌＊2（温める）……適量
ズッキーニ（黄／輪切り）…… 2切れ
揚げ油……適量
サヤインゲン（ゆでて細切り）……少量

＊1　静岡県清水区三保産の丸ナス系統の伝統野菜
＊2　116ページ参照

【つくり方】
❶①ナスの果肉の断面に包丁で格子状に切り込みを入れる。
❷①を160〜180℃のオーブンでやわらかくなるまで焼く。
❸ズッキーニを揚げ油で素揚げにする。
❹経木を敷いた器に、鴨味噌をのせた②を盛る。サヤインゲンを天にあしらい、③を添える。

鴨わさ

【材料】（1人分）

鴨のササミ…… 2本
カイワレダイコン（適宜に切る）……適量
焼き海苔（せん切り）……適量
ワサビ（すりおろす）……適量
濃口醤油……小さじ1

【つくり方】

❶鴨のササミを熱湯でさっとゆで、氷水にとって冷ます。水気をきる。
❷①をそぎ切りにする。
❸ワサビを濃口醤油で溶き、②を和える。
❹器に③を盛り、カイワレダイコン、焼き海苔をあしらう。

鴨のたたき

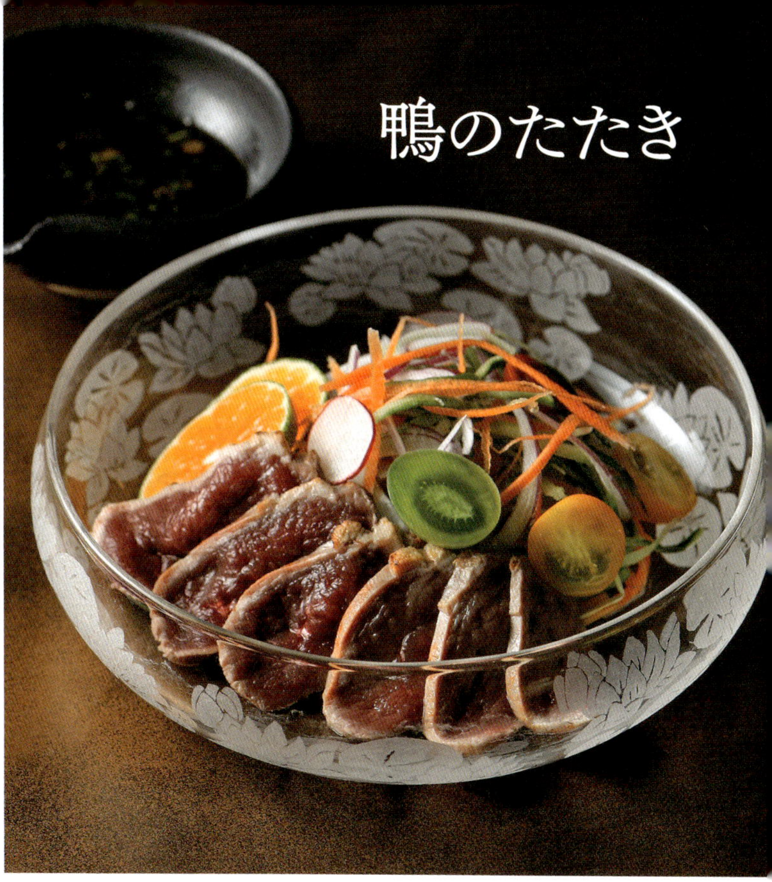

【材料】（つくりやすい分量）

鴨の胸肉…… 1枚

A
- ダイコン（せん切り）……適量
- ニンジン（せん切り）……適量
- タマネギ（紫／せん切り）……適量

B
- ミニトマト（赤、黄、緑／輪切り）……適量
- ラディッシュ（赤／輪切り）……適量
- スダチ（輪切り）……適量

タレ（以下は1人分）

濃口醤油……大さじ2
ゴマ油……小さじ1
ぽん酢……大さじ1
ニンニク（すりおろす）……少量
小ネギ（小口切り）……少量

【つくり方】

❶鴨の胸肉の余分な脂身を切りとる。
❷①に金串を刺し、直火で表面をあぶる。氷水にとって冷ます。
❸②の水気を拭きとり、金串をはずしてそぎ切りにする。
❹器に③、A、Bを盛り、タレとともに提供する。

鴨の竜田揚げ

【材料】（1人分）

鴨の胸肉（そぎ切り）……100g

A
- パプリカ（赤／輪切り）……適量
- ズッキーニ（黄／輪切り）……適量
- ナス（輪切り）……適量
- ゴーヤ（種をとって輪切り）……適量
- シシトウ…… 1本

B
- 濃口醤油……少量
- 塩麹……小さじ1

片栗粉……適量
揚げ油……適量
レモン（青／くし切り）…… 1切れ

【つくり方】

❶鴨の胸肉をBに30〜40分間浸ける。Bを拭きとる。
❷①に片栗粉をまぶし、揚げ油で揚げる。
❸Aを揚げ油で素揚げにする。
❹懐紙を敷いた籠に②、③を盛り、レモンを添える。

鴨柳川

【材料】（1人分）

鴨の胸肉（そぎ切り）……50～60g
ゴボウ（ささがきにして下ゆでする）
　……細いもの１本（長さ15～20㎝）
卵（溶きほぐす）…… ２個
A　かけつゆ……100cc
　　濃口醤油……小さじ1/2
　　上白糖……小さじ１
木ノ芽……適量
粉山椒……適量

【つくり方】

❶①鍋で酒（分量外）を沸かし、鴨の胸肉をくぐらせて霜降りする。
❷土鍋にＡを合わせ、①、ゴボウを加えて中～強火にかける。鴨、ゴボウに火が通ったら卵を流し入れ、すぐに火を止める。
❸木ノ芽を天にあしらい、粉山椒とともに提供する。

【材料】(5～6人分)

そば(ゆでる)……100g

A
- クルマエビ(塩ゆでして殻をむく)…… 2～3尾
- シイタケ(塩ゆでして薄切り)……大1～1と1/2個
- ユリネ(鱗片をばらして塩ゆでする)……10～12片
- ギンナン(殻から出して塩ゆでする)…… 5～6個

B
- かけつゆ……400cc
- だし*……200cc
- 棒寒天(水でもどす)…… 1本

*熱湯でもよい

【つくり方】

❶鍋にBを合わせ、寒天が溶けるまで弱火で煮る。

❷流し缶(18cm×8cm×高さ5cm)にそばを敷き詰め、その上にAをバランスよく配する。

❸②に①を注ぎ入れ、粗熱をとる。冷蔵庫で冷やし固める。

❹流し缶からとり出し、適宜に切り分ける。

そば寄せ羹

冷やし小田巻そば

【材料】（1人分）

A
- そば（田舎そば／ゆでる）……50g
- 鶏のササミ……適量
- クルマエビ（塩ゆでして殻をむく）…… 1尾
- かまぼこ（断面が波状になるように飾り切りする）…… 2切れ
- 生キクラゲ……適量

卵（溶きほぐす）…… 1個

B
- かけつゆ……80〜85cc
- だし……80〜85cc

エダマメ（塩ゆでしてサヤから出す）……適量

カボス（輪切り）……適量

銀餡

だし……大さじ2
上白糖……小さじ1
塩……少量
片栗粉（水で溶く）……適量

【つくり方】

❶卵、Bを合わせて混ぜ、漉し器で漉す。
❷器にAを盛り、①を注ぎ入れる。
❸湯気が立った蒸し器に②を入れ、強火で3分間、弱火で10〜15分間蒸す。
❹③の粗熱をとり、冷蔵庫で冷やす。
❺④にエダマメをのせ、銀餡（後述）をかける。カボスをあしらう。

銀餡

❶鍋に材料を合わせて加熱する。
❷粗熱をとり、冷蔵庫で冷やす。

冷汁そば

【材料】（1人分）

そば（ゆでる）……170g

胡麻味噌ダレ

かけつゆ……200cc

胡麻味噌……小さじ1と1/2（以下はつくりやすい分量）

- 信州味噌…… 1kg
- 白ゴマ（煎ってする）……200g
- ミリン……200cc
- 上白糖……250g
- ゴマ油……小さじ2
- 粉山椒……小さじ1/2

白ゴマ（煎る）……適量

薬味……各適量

- オオバ（せん切り）
- キュウリ（輪切り）
- 小ネギ（小口切り）
- オクラ（輪切り）
- ミョウガ（半月切り）
- ショウガ（すりおろす）

【つくり方】

❶桶に氷水を張り、そばを盛る。

❷白ゴマを散らした胡麻味噌ダレ（後述）、薬味とともに提供する。

胡麻味噌ダレ

❶ボウルに胡麻味噌の材料を合わせて混ぜる。

❷①にかけつゆを加え、よく混ぜる。

ジャージャーそば 鴨味噌仕立て

【材料】（1人分）

そば（ゆでる）……170g
鴨味噌*（温める）……大さじ2～3
ラー油……小さじ1
キュウリ（せん切り）……適量
ネギ（せん切り）……適量
糸唐辛子（市販品）……適量

*116ページ参照

【つくり方】

❶鴨味噌にラー油を加え、混ぜる。
❷皿にそばを盛り、①、キュウリ、ネギ、糸唐辛子を順にのせる。

そば素麺 梅のしずく

【材料】（1.5人分）

そば（極細打ちそば／ゆでる）……220〜250g

梅つゆ

だし……200cc
梅干しを裏漉ししたもの……小さじ1/2
濃口醤油……少量
塩……適量

薬味……各適量

鴨のササミ（ゆでて細切り）
キュウリ（せん切り）
ネギ（小口切り）
ショウガ（すりおろす）
白ゴマ（煎る）

【つくり方】

❶器に氷水を張り、そばを盛る。
❷梅つゆ、薬味とともに提供する。

鴨煮かけそば

【材料】（1人分）

そば（田舎そば／ゆでる）……150g
鴨の腿肉（ひと口大に切る）……適量
合わせつゆ……500cc（以下の数字は割合）
　かけつゆ…… 2
　もりつゆ…… 1

A
- ゴボウ（ささがき）……適量
- ナス（ひと口大に切る）……適量
- ネギ（斜め切り）……適量
- ナメコ（適宜に切る）……適量
- ヒラタケ（適宜に切る）……適量

サヤインゲン（下ゆでして斜め切り）……適量

薬味……各適量
　ネギ（小口切り）
　ショウガ（すりおろす）

【つくり方】

❶鍋で酒（分量外）を沸かし、鴨の腿肉をくぐらせて霜降りする。
❷鉄鍋で合わせつゆを沸かし、Aを加えて煮る。
❸②の野菜やキノコがやわらかくなったら①を加え、再び沸いたら火を止める。
❹ざるにそばを盛り、サヤインゲンを天にあしらった③、薬味とともに提供する。

献立集

秋

AUTUMN

そばぬたり

【材料】（1人分）

そばがき

そば粉……50g

熱湯……50cc

A
- かまぼこ（角切り）……適量
- 生ワカメ（水洗いして適宜に切る）……適量
- エダマメ（塩ゆでしてサヤから出す）……適量
- ネギ（斜め切りし、ゆでて冷ます）……適量

白酢味噌……大さじ1と1/2（以下の数字は割合）

白味噌……1

酢……1

上白糖……1

ソバの抜き実（煎る）……少量

【つくり方】

❶そばがきをひと口大に丸めた後、平たくつぶして中央をへこませる。

❷①を提供直前にゆでる。

❸器に②、Aを盛って白酢味噌を流し、ソバの抜き実を散らす。

そばとろろ

【材料】（**1人分**）

ヤマトイモ＊（すりおろす）……40g
ソバの抜き実（ゆでる）……適量
トンブリ……小さじ1/2
青海苔……少量
もりつゆ……適量
ワサビ（すりおろす）……少量

＊イチョウイモのこと

【つくり方】

❶器にヤマトイモを盛って青海苔を散らし、ソバの抜き実、トンブリをあしらう。
❷もりつゆ、ワサビとともに提供する。

揚げ湯葉のそばの実餡かけ

【材料】(1人分)

くみ上げ湯葉*(ひと口大に切る)……適量
薄めの天ぷら衣
　……適量(以下はつくりやすい分量)
　卵黄…… 1個分
　水……500cc
　薄力粉……200g
揚げ油……適量
そばの実餡(以下は2人分)
　ソバの抜き実(ゆでる)……大さじ1と1/2
　A | もりつゆ……50cc
　　| かけつゆ……50cc
　　| 上白糖……小さじ1/2
　片栗粉(水で溶く)……適量
サヤインゲン(ゆでて斜め切り)……適量

*「ゆば工房 五大」(山梨・身延町)の「五大の角ゆば」

【つくり方】

❶くみ上げ湯葉に薄めの天ぷら衣をつけて揚げ油で揚げる。
❷鍋にAを合わせて沸かし、片栗粉を加えてとろみをつける。ソバの抜き実を加える。
❸器に①を盛って②をかけ、サヤインゲンを天にあしらう。

木の子おろし和え

【材料】(1人分)

キノコ(適宜に切る)……各適量
　マイタケ
　ホンシメジ
　ナメコ*
　マイタケ
　エノキタケ
ダイコン(すりおろして水分を少し絞る)
　……適量
ソバモヤシ……少量
濃口醤油……小さじ1

*「ジャンボナメコ」などの名称で流通する、傘の直径が5㎝ほどの大きなもの

【つくり方】

❶キノコを塩(少量/分量外)を加えた熱湯でさっとゆでる。ザルにとって冷ます。
❷①を濃口醤油で和える。
❸器に②、ダイコンおろしを盛り、ソバモヤシを添える。

山ふぐ そばの実入り

【材料】（18cm×36cm×高さ3.5cmの流し缶1台分）

そばの実入りこんにゃく

コンニャクイモ…… 1kg
ソバの抜き実（煎る）……50g
水……3200cc
A ｜ 炭酸ナトリウム……28〜30g
　 ｜ ぬるま湯……200cc

仕上げ

ワサビ（すりおろす）……適量
濃口醤油……適量

【つくり方】

そばの実入りこんにゃく

❶コンニャクイモを洗い、皮をむく（皮付きだと黒いこんにゃくになる）*1。
❷①を2〜3cm角に切り、水（分量外）にさらして1時間ほど置く。
❸②をザルにとり、水（少量／分量外）とともに少しずつミキサーにかけてドロドロの液状にする。
❹大鍋に③、水を合わせて中火〜弱めの強火にかけ、焦がさないように注意しつつ15〜25分間ほどしゃもじで練る。
❺④にソバの抜き実、A（ぬるま湯で炭酸ナトリウムを溶かす）を加え、よく混ぜ合わせる。しゃもじが動かしづらくなったら火を止める。粗熱をとる。
❻⑤を流し缶に流し入れ、常温で30分〜1時間ほど置いて固める。
❼流し缶からとり出して幅7cmに切り分け、寸胴に沸かしたたっぷりの熱湯に加えて強火で1時間〜1時間半ほどゆでる。こんにゃくが浮き上がってきたら火を止め、鍋ごと常温で一晩置いて冷ます。
❽⑦を冷水にとって冷やし、冷水とともに密閉容器に入れて冷蔵庫で保存する。

仕上げ

❶そばの実入りこんにゃく*2を適宜の厚みに切り、皿に盛る。
❷ワサビを添え、濃口醤油とともに提供する。

*1　手が荒れるため「そばの実入りこんにゃく」の①〜③の工程は手袋をして行う
*2　ソバの抜き実のほかに青海苔や唐辛子粉などを加えてもよい

里芋の鴨そぼろ餡かけ

【材料】（1人分）

鴨そぼろ餡……適量（以下は3人分）

鴨の胸肉（ミンチにする）……100g

甘味噌

信州味噌……大さじ1と1/2

上白糖……大さじ1～1と1/2

酒……小さじ1と1/2～2

唐辛子粉……少量

仕上げ

サトイモ（蒸して皮をむく）…… 3個

ユズの皮（青／すりおろす）……少量

【つくり方】

鴨そぼろ餡

❶鴨の胸肉をフライパンで炒める。出てきた脂分はとり除く。

❷①に甘味噌を加えて炒め合わせ、肉と味噌をよくなじませる。

仕上げ

❶器にサトイモを盛り、鴨そぼろ餡をかける。

❷ユズの皮を天にあしらう。

そばの揚げ巻き

【材料】（1人分）

春巻きの皮（市販品）…… 1枚（15㎝四方）

焼き海苔……適量

A
- そば（硬めにゆでる）……60～80g
- クルマエビ（塩ゆでして殻をむく）…… 2～3尾
- ちくわ（縦に4等分する）…… 1本
- エノキタケ（茶色）……1/3束
- サヤインゲン（塩ゆでする）…… 2本

揚げ油……適量

ブロッコリー（塩ゆでする）……適量

ミニトマト（黄、緑／半分に切る）……適量

塩……少量

【つくり方】

❶春巻きの皮に焼き海苔を敷き、その上にAをのせてしっかり巻く。

❷①を揚げ油できつね色になるまで揚げる。

❸②を3等分して皿に盛り、塩をふる。ブロッコリー、ミニトマトを添える。

鴨つくね

【材料】（1人分）

鴨つくね

A
- 鴨の胸肉（ミンチにする）……60～70g
- ネギ（みじん切り）……少量
- ショウガ（みじん切り）……少量
- 塩……少量
- 片栗粉（水で溶く）……小さじ1～1と1/2

B
- もりつゆ……40cc
- かけつゆ……60cc
- 上白糖……小さじ1/2

仕上げ

C
- パプリカ（赤／適宜に切る）……適量
- ピーマン（適宜に切る）……適量
- マイタケ（適宜に切る）……適量
- ネギ（長さ6㎝ほどに切る）……適量

粉山椒……適量

【つくり方】

鴨つくね

❶ボウルにAを合わせて練る。
❷①をひと口大にとって楕円形に形づくる。
❸鍋に②、Bを合わせ、中火で軽く煮込む。

仕上げ

❶Cをフライパンで素焼きする。
❷器に鴨つくね、①を盛り、粉山椒とともに提供する。

鴨と秋野菜の陶板焼き風

【材料】（1人分）

鴨の胸肉（そぎ切り）……90g

A
- パプリカ（赤、黄／輪切り）……適量
- タマネギ（輪切り）……適量
- ズッキーニ（黄／輪切り）……適量
- シシトウ（ヘタを切り落とす）……適量
- マッシュルーム（石突きを切り落とす）……適量

タレ

濃口醤油……大さじ1と1/2
ニンニク（すりおろす）……少量
ショウガ（すりおろす）……少量

B
- ダイコン（すりおろす）……適量
- 唐辛子粉……少量

【つくり方】

❶フライパンに鴨の胸肉、Aを合わせ、中火で焼く。
❷直火にかけて熱しておいた陶板鍋に①を盛る。
❸タレ、Bとともに提供する。

鴨と秋野菜の治部煮

【材料】（1人分）

鴨の胸肉（そぎ切り）……40g

浸け地……適量（以下の数字は割合）

- 濃口醤油…… 1
- ミリン…… 1

片栗粉……適量

A
- 焼き麩…… 1個
- 紅葉麩…… 1切れ
- 焼き豆腐（ひと口大に切る）……適量
- ダイコン（下ゆでして拍子木切り）……適量
- コマツナ（下ゆでして適宜に切る）……適量
- ホンシメジ（石突きを切り落とす）……適量

B
- かけつゆ……200cc
- 濃口醤油……大さじ1/2

ワサビ（すりおろす）……少量

【つくり方】

❶鴨の胸肉を浸け地に10分間浸ける。
❷①に片栗粉をまぶし、熱湯でゆでる。
❸鍋にA、Bを合わせ、野菜やキノコに味が入るまで煮る。
❹器に②、③を盛り、③の煮汁を適量張る。ワサビを天にあしらう。

鴨と秋野菜のロール巻き

【材料】（つくりやすい分量）

鴨の胸肉…… 1枚（150～200g）

A
- ニンジン（下ゆでして細切り）……適量
- ゴボウ（下ゆでして細切り）……適量
- レンコン（下ゆでして細切り）……適量

浸け地

- かえし……大さじ2
- 上白糖……大さじ1/2
- ミリン……大さじ1

片栗粉（水で溶く）……適量

仕上げ

B
- グリーンリーフ＊……適量
- ケール……適量
- ミニトマト（四つ切り）……適量
- サツマイモ（蒸して輪切り）……適量
- ローズマリー……少量

C
- ホースラディッシュ（すりおろす）……少量
- ミニセロリの葉……少量

＊結球しない葉レタスの一種。別名「グリーンカール」

【つくり方】

❶鍋に浸け地の材料を合わせて火にかけ、上白糖を溶かす。冷ます。
❷鴨の胸肉を包丁で観音開きにし、①に10～20分間浸ける。
❸②を皮面を下にして置き、Aを芯にして巻いてタコ糸で縛る。
❹③を170～180℃のオーブンで20～30分間焼き、鴨と秋野菜のロール巻きとする。ここで出た焼き汁はとりおく。
❺鍋に④でとりおいた焼き汁、片栗粉を合わせて火にかけ、とろみをつけてタレとする。

仕上げ

❶焼きたての鴨と秋野菜のロール巻きを輪切りにし、Bとともに皿に盛る。ロール巻きに熱々のタレをかける。
❷Cとともに提供する。

そば丸

【材料】（1人分）

A
- そば粉……100g
- 熱湯……80cc
- 信州味噌……10g
- ユズの皮（黄／みじん切り）……少量
- オオバ（みじん切り）……少量
- ネギ（みじん切り）……少量
- ソバの抜き実（煎る）……少量
- 白ゴマ（煎る）……少量

ギンナン（煎って殻と薄皮をとる）…… 2個

【つくり方】

❶鍋にAを合わせて弱火にかけ、木ベラでよく練ってやや硬めのそばがきをつくる*。

❷①を直径6㎝ほどの円形に形づくり、中央にギンナンをのせる。

❸焼き網を弱～中火にかけ、その上で②を両面にほどよく焦げ目がつくまで焼く。

*焼いたときにサクサクとした食感にするため、ここではやや硬めのそばがきとする

とっちゃなげ

【材料】（1人分）

そばがき
- そば粉……100g
- 熱湯……100cc

合わせつゆ
- かけつゆ……360cc
- だし……40cc

A
- 鴨の胸肉（ひと口大に切る）……適量
- ダイコン（いちょう切りにして下ゆでする）……適量
- ニンジン（輪切りにして下ゆでする）……適量
- サトイモ（蒸して皮をむき、ひと口大に切る）……適量
- ゴボウ（ささがきにして下ゆでする）……適量
- ネギ（細切り）……適量

薬味……各適量
- 小ネギ（小口切り）
- ユズの皮（黄／せん切り）

【つくり方】

❶土鍋で合わせつゆを沸かす。

❷そばがきをひと口大にちぎり、Aとともに①に加えて煮る。

❸薬味とともに提供する。

季節の木の子そば

【材料】（1人分）

そば（ゆでる）……150g
かけつゆ……500cc
天然キノコ……各適量
　アミタケ
　ナメコ
　コウタケ
　ナラタケ
　マイタケ
油揚げ（短冊切り）……適量
ミツバ（ゆでて結ぶ）……少量
ユズの皮（青／細切り）……少量

【つくり方】

❶天然キノコを食べやすい大きさに切り、さっと湯通しする。
❷鍋でかけつゆを沸かし、①を加える。再び沸いたら油揚げを加え、軽く煮る。
❸器にそば、②をつゆとともに盛り、ミツバ、ユズの皮を天にあしらう。

貝柱
餡かけそば

【材料】（1人分）

そば（ゆでる）……150g
かけつゆ……500cc

A
- ホタテ貝柱（横半分に切る）……２と1/2個
- 干しワカメ（水でもどして適宜に切る）……適量

片栗粉（水で溶く）……適量

B
- 小ネギ（輪切り）……少量
- ユズの皮（青／細切り）……少量

【つくり方】

❶鍋にかけつゆ、Aを合わせて火にかけ、ホタテ貝柱に軽く火を入れる。
❷器にそば、①のホタテ貝柱とワカメを盛る。
❸①のつゆに片栗粉を加えて軽くとろみをつけ、②の器に張る。
❹Bを天にあしらう。

辛味大根そば

【材料】（1人分）

そば（ゆでる）……170g
もりつゆ……100cc
薬味……各適量
　辛味ダイコン*（すりおろす）
　ソバモヤシ

*親田辛味大根

【つくり方】

❶ざるにそばを盛る。
❷もりつゆ、薬味とともに提供する。

朴葉焼きそば

【材料】（1人分）

そば（田舎そば／ゆでる）……100g

A
- 紅葉麸…… 1個
- マイタケ（適宜に切る）……適量
- ギンナン（殻から出して塩ゆでする）…… 3個
- ネギ（斜め切り）……適量
- トウガラシ（青、赤／輪切り）……適量

鴨味噌*……適量

*116ページ参照

【つくり方】

❶ホオの葉にそばを盛って鴨味噌をかけ、その上にAを盛る。

❷七輪に①をホオの葉ごとのせ、炭火であぶり焼きにする。

献立集

冬

WINTER

せん切り山葵 梅おろし和え

【材料】（1人分）

ワサビ（せん切り）……適量
ダイコン（すりおろして水分を少し絞る）……100g
梅干しを裏漉ししたもの……大さじ1

【つくり方】

❶ダイコンおろしを梅干しを裏漉ししたもので和える。
❷器に①を盛り、ワサビを天にあしらう。

そばの実とつぼみ菜の胡麻油和え

【材料】（1人分）

ソバの抜き実（煎る）……適量

ツボミナ*（適宜に切る）

……80～100g（卵ほどの大きさ2個）

A｜濃口醤油……少量

A｜ゴマ油……少量

*カラシナの一種。脇芽がツボミナとして流通する

【つくり方】

❶ツボミナに塩（少量／分量外）をふり、しばらく置いてしんなりさせる。水気をきる。

❷①をAで和える。

❸器に②を盛り、ソバの抜き実を散らす。

そばの実鬼おろし

【材料】（1人分）

ソバの抜き実（煎る）……適量

辛味ダイコン（白、紫／すりおろす）……適量

ナメコ*（ゆでて冷ます）……適量

カイワレダイコン……少量

濃口醤油……適量

*「ジャンボナメコ」などの名称で流通する、傘の直径が5cmほどの大きなもの

【つくり方】

❶ナメコを濃口醤油で和える。

❷器に①、辛味ダイコン2種、カイワレダイコンを盛る。

❸ソバの抜き実をふりかける。

きぬかつぎ田楽風

【材料】（**1人分**）

サトイモ（蒸す*1）……小５個
田楽味噌のベース*2（湯煎する）……適量
ワサビ（すりおろす）……適量

*1　ゆでてもよい
*2　116ページ参照

【つくり方】

❶サトイモの天地を切り落とす。
❷①の上面に田楽味噌のベースをのせ、ワサビを添える。

鴨なます

【材料】（**1人分**）

鴨のササミ……1/2～１本
ダイコン（短冊切り）……適量
ニンジン（短冊切り）……適量
リンゴ*（食べやすい大きさに切る）……適量
合わせ酢……適量（以下はつくりやすい分量）
　酢……大さじ２
　上白糖……大さじ１
　塩……少量
ナタマメ（ゆでて薄切り）……少量
ユズ（柚子釜用）……１個

*柿やナシでもよい

【つくり方】

❶鴨のササミを熱湯でさっとゆで、氷水にとって冷ます。水気をきる。
❷①をそぎ切りにする。
❸ダイコン、ニンジンを塩（少量／分量外）を加えた熱湯でゆで、氷水にとって冷ます。水気をきる。
❹②、③、リンゴを合わせ酢で和える。
❺柚子釜（解説省略）に④を盛り、ナタマメを天にあしらう。

鴨味噌大根

【材料】(1人分)

ダイコンの下準備

ダイコン(皮をむき、厚さ3～4㎝に輪切りにする)……100～120g

A
- 昆布……適量
- 水……適量

鴨味噌……適量(以下はつくりやすい分量)

鴨の胸肉(ミンチにする)……200g

田楽味噌のベース*……大さじ3～5

(以下はつくりやすい分量)

味噌……1kg(以下の数字は割合)

- 信州味噌……5
- 田舎味噌……5

上白糖……500g

ミリン……200cc

酒……100cc

B
- 唐辛子粉……少量
- 上白糖……大さじ1～2
- ミリン……大さじ1
- だし……少量

仕上げ

ユズの皮(黄/細切り)……適量

*すりおろしたユズの皮、粉山椒、白すりゴマなどを加えてもよい

【つくり方】

ダイコンの下準備

❶ダイコンの一方の面に十字の隠し包丁を入れる。

❷鍋に①、Aを合わせて火にかけ、沸いたら弱火にして30分間ほど炊く(ダイコンに竹串がすっと通るまで)。

鴨味噌

❶鴨の胸肉を鍋で炒める。出てきた脂分はとり除く。

❷別の鍋に田楽味噌のベースの材料を合わせ、木ベラで練りながら弱火で30～40分間炊く。

❸①に②、Bを加え、汁気がなくなるまで煮詰める。

仕上げ

❶下準備したダイコンを温めて皿に盛り、上面に鴨味噌をのせる。

❷天にユズの皮をあしらう。

鴨のしぐれ煮

【材料】(つくりやすい分量)

鴨の胸肉(ひと口大に切る)……1kg

A
- ショウガ(せん切り)……100g
- ニンニク(すりおろす)……小1～1/2片
- 濃口醤油……360～450cc
- 上白糖……100g
- ミリン……200cc

B
- 上白糖……大さじ1/2
- ミリン……大さじ1

小ネギ(小口切り)……適量

【つくり方】

❶鴨の胸肉をフライパンで乾煎りする。出てきた脂分はとり除く。

❷鍋に①、Aを合わせ、汁気がなくなるまで弱火で1時間炊く。

❸②にBを加え、鍋をゆすって焦げないようにしながら炊きあげる。

❹器に③を盛り、小ネギを天にあしらう。

鴨海苔山葵

【材料】（1人分）

鴨の腿肉＊（ひと口大に切る）
……50g
焼き海苔＊……適量
A 濃口醤油……大さじ2～3
　ミリン……大さじ1
　酒……大さじ1/2
ワサビ（すりおろす）……少量
ソバの抜き実（煎る）……少量

＊端材でよい

【つくり方】

❶鍋にAを合わせ、沸かす。
❷①に鴨の腿肉、焼き海苔を加え、煮含める。
❸②にワサビを加え、混ぜ合わせる。
❹器に③を盛り、ソバの抜き実を天にあしらう。

鴨肝の山椒煮

【材料】（つくりやすい分量）

鴨の砂肝……300g
実山椒（ゆでる）……大さじ1
粉山椒……小さじ1/2
濃口醤油……100cc
ミリン……50cc

【つくり方】

❶鴨の砂肝を2～3等分し、硬い部分を切り落とす。
❷①を塩（少量／分量外）を加えた熱湯でさっとゆでる。ザルにとって冷ます。
❸鍋で濃口醤油を沸かし、②、実山椒を加え、汁気がなくなるまで弱火で30～40分間加熱する。
❹③にミリンを加え、鍋をゆすりながらさらに加熱して照りを出す。
❺④の火を止めて粉山椒を加え、鍋をゆすって砂肝にからめる。

鴨の南蛮焼き

【材料】（1人分）
鴨の胸肉（そぎ切り）……80g
ネギ（適宜の長さに切る）……適量
シシトウ…… 2本
タレ
　かえし……大さじ1
　ミリン……小さじ1
　上白糖……小さじ1/2
ダイコン（すりおろす）……適量
ワサビ（すりおろす）……適量
白ゴマ（煎る）……少量

【つくり方】
❶鴨の胸肉をフライパンでさっと焼く。
❷①にネギ、シシトウを加え、軽く焼く。
❸②にタレを加え、鴨肉や野菜にからめながら焼き色がつくまでさらに焼く。フライパンに残った焼き汁はとりおく。
❹皿に③の鴨肉や野菜を盛り、ダイコンおろしを添えてその上にワサビをのせる。
❺③でとりおいた焼き汁を鴨肉に適量かけ、その上に白ゴマをふる。

鴨のもろみ味噌焼き

【材料】（1人分）
鴨の胸肉（そぎ切り）……80g
浸け地……適量（以下はつくりやすい分量）
　信州味噌……大さじ1/2
　ミリン……小さじ1
　上白糖……小さじ1
　唐辛子粉……少量
サラダ油……適量
付合せ
　紅芯ダイコン（細切り）……適量
　カイワレダイコン……適量
白ゴマ（煎る）……適量

【つくり方】
❶鴨の胸肉を浸け地に10分間浸ける。
❷フライパンにサラダ油をひき、①をやや焦げ目がつくまで焼く。
❸皿に②を付合せとともに盛り、鴨の胸肉に白ゴマをふる。

鴨のステーキ

【材料】(2人分)

鴨の胸肉……200g

塩……少量

A
- ダイコン(すりおろす)……適量
- 濃口醤油……少量
- 七味唐辛子……適量

七味唐辛子……適量

付合せ……各適量

- マッシュルーム(縦半分に切る)
- グリーンアスパラガス(塩ゆでして適宜に切る)
- ジャガイモ(ゆでて適宜に切る)
- ニンジン(輪切りにしてゆでる)
- クレソン

【つくり方】

❶鴨の胸肉に塩をふり、フライパンで表面はこんがり、中はややレアに焼く。
❷ボウルにAを合わせる。
❸熱々にした鉄板皿に適宜に切った①を盛り、②をのせ、その上にさらに七味唐辛子をふりかける。
❹付合せを添える。

鴨の酢豚風

【材料】(1人分)

鴨の胸肉(そぎ切り)……70g

浸け地

- 濃口醤油……少量
- ショウガ(すりおろす)……少量

片栗粉……適量

揚げ油……適量

野菜*……各適量

A
- レンコン
- ニンジン
- ギンナン(殻と薄皮をとる)

B
- タマネギ
- ピーマン
- パプリカ(赤)

ゴマ油……大さじ1

C
- ケチャップ……大さじ1/2
- 濃口醤油……大さじ1
- 上白糖……大さじ1
- 水……大さじ2

片栗粉(水で溶く)……適量

*必要に応じて皮をむき、食べやすい大きさに切る

【つくり方】

❶鴨の胸肉を浸け地に5～10分間ほど浸ける。汁気をきる。
❷①に片栗粉をまぶし、揚げ油で揚げる。
❸野菜Aを下ゆでし、フライパンにゴマ油をひいて野菜Bとともに炒める。
❹鍋に②、③、Cを合わせ、強火でさっと加熱して調味する。
❺中火にし、片栗粉を加えてとろみをつける。

そばきんぴら

【材料】（2～3人分）

A
- そば粉……80g
- 強力粉……20g

水……30cc
ソバの抜き実（ゆでる）……適量
ゴマ油……適量

B
- 濃口醤油……少量
- ミリン……少量

糸唐辛子（市販品）……少量

【つくり方】

❶ボウルにAを合わせ、よく混ぜ合わせる。水を加えてこねた後、ソバの抜き実を加えてさらにこねる。
❷①を延し棒で厚さ3㎜ほどに延し、2㎝×5㎝ほどの長方形に切る。
❸②をゆでる。
❹フライパンにゴマ油をひいて③を炒め、Bを加えて調味する。
❺器に④を盛り、糸唐辛子を天にあしらう。

そばがき
磯辺焼き

【材料】（1人分）

そばがき
- そば粉……100g
- 熱湯……100cc

濃口醤油……適量
焼き海苔……適量

【つくり方】

❶そばがきを俵形に形づくる。
❷焼き網を弱～中火にかけ、①をのせて両面を1～2回ずつ濃口醤油でつけ焼きする。
❸②を焼き海苔で巻く。

そばシュウマイ

【材料】（6個分）

そばシュウマイ

A
- 鶏の挽き肉……100g
- 片栗粉（水で溶く）……少量

B
- ネギ（みじん切り）……細めのもの1/3本
- ショウガ（みじん切り）……少量

C
- 濃口醤油……少量
- ゴマ油……少量

シュウマイの皮

D
- そば粉……80g
- 強力粉……20g

水……30〜40cc

エダマメ（塩ゆでしてサヤから出す）……適量

付合せ

ハクサイ（葉）……適量

仕上げ

濃口醤油……適量

洋ガラシ……少量

【つくり方】

そばシュウマイ

❶ボウルにAを合わせ、やや粘りが出るまで混ぜ合わせる。

❷①にBを加えて混ぜ合わせた後、Cを加えてさらに混ぜ合わせる。

❸シュウマイの皮（後述）で②を包み、エダマメを天にのせる。

❹湯気が立った蒸し器に③を入れ、10〜15分間蒸す。

シュウマイの皮

❶ボウルにDを合わせ、よく混ぜ合わせる。水を加えてこねる。

❷①を延し棒で厚さ1㎜ほどに延し、8㎝角に切る。

付合せ

❶ハクサイを塩（少量／分量外）を加えた熱湯でさっとゆでる。ザルの上で広げて粗熱をとる。

❷巻き簾に①を広げ、海苔巻きの要領で巻く。

仕上げ

❶器に懐紙を敷き、そばシュウマイ、適宜に切った付合せを盛る。

❷濃口醤油、洋ガラシとともに提供する。

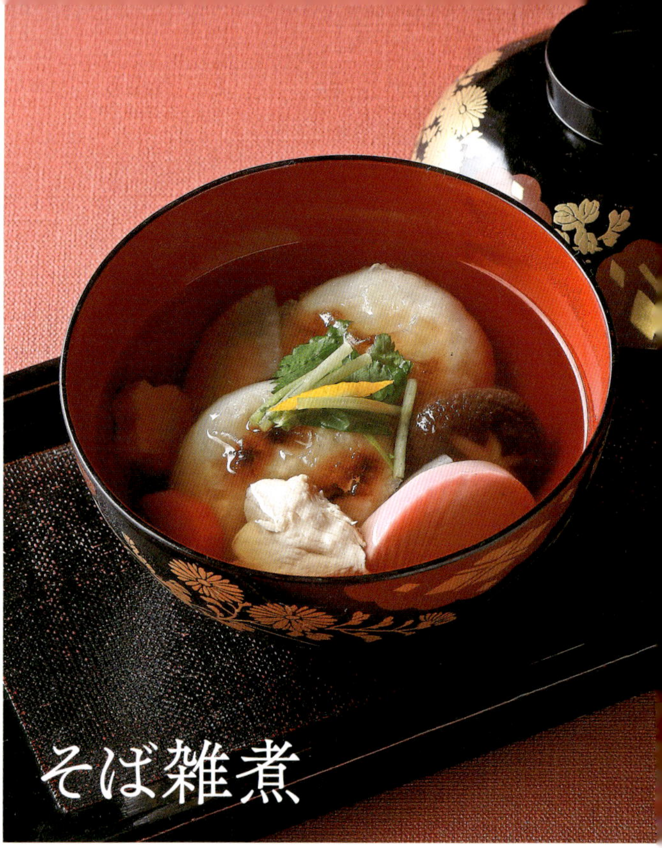

【材料】（1人分）

そば餅

A
- さらしな粉……100g
- 熱湯……90cc

仕上げ

すまし汁

だし……400cc

B
- 濃口醤油……大さじ1と1/2
- ミリン……小さじ1/2
- 塩……小さじ1/2

C
- 鶏のササミ（下ゆでして適宜に切る）……適量
- かまぼこ（断面が波状になるように飾り切りする）…… 1切れ
- シイタケ（軸を切り落とし、飾り包丁をして下ゆでする）…… 1個
- ダイコン（いちょう切りにして下ゆでする）……適量
- ニンジン（半月切りにして下ゆでする）……適量
- 梅麩…… 1切れ

ミツバ（適宜に切る）……少量

ユズの皮（黄／細切り）……少量

【つくり方】

そば餅

❶鍋にAを合わせ、やや硬めのそばがきをつくる。

❷①を円盤形に形づくり、弱～中火にかけた焼き網にのせて表面に軽く焼き目をつける。

仕上げ

❶鍋にだしを入れて火にかけ、Bを加えて調味してすまし汁とする。

❷椀にそば餅、Cを盛り、①を張る。ミツバ、ユズの皮を天にあしらう。

そば お好み焼き風

【材料】（4～5枚分）

そば粉……200g

A
- ヤマトイモ*（すりおろす）……45～60g
- 卵（溶きほぐす）…… 1個
- 水……卵と同量
- 干しサクラエビ（細かく砕く）……大さじ1～2
- 塩……小さじ1

サラダ油……適量

B
- 中濃ソース……適量
- 削り節（カツオ本枯節／揉んで粉状にする）……適量
- 青海苔……適量

*イチョウイモのこと

【つくり方】

❶ボウルにそば粉、Aを合わせ、よく混ぜ合わせる。

❷フライパンにサラダ油をひいて①を流し入れ、弱～中火で両面を焼く。

❸皿に①を盛り、Bをかける。

そばの小豆粥

【材料】（1人分）

A
- ソバの抜き実（ゆでる）……35g
- だし……400cc

小豆（ゆでる）……60g
ユリネ（鱗片をばらして塩ゆでする）……適量
塩……少量

【つくり方】

❶鍋にAを合わせ、沸かす。
❷①に小豆、塩を加えて1～2分間煮る。
❸器に②を盛り、ユリネを天にあしらう。

【材料】(1人分)

だて巻きそば

そば(やや硬めにゆでる)……60g
焼き海苔……適量
すし酢……適量(以下はつくりやすい分量)
酢……180cc
上白糖……大さじ5
塩……大さじ1
だて巻き……適量
(以下はつくりやすい分量)
はんぺん(ちぎる)……150g
卵……5個
上白糖……40g
ミリン……大さじ2
塩……1つまみ
A
えびのおぼろ(解説省略)……適量
れんこん甘煮(解説省略)……適量
かんぴょう甘辛煮(解説省略)……適量
キュウリ(拍子木切りにする)……適量

エビのにぎり

そば(やや硬めにゆでる)……30g
すし酢*1……適量
クルマエビ……1尾

野菜のにぎり

そば(やや硬めにゆでる)……30g
すし酢*1……適量
干しシイタケの甘煮(解説省略)……適量
ソバの抜き実(煎る)……適量

ほうれん草の細巻き

ホウレンソウ……適量
焼き海苔……適量
濃口醤油……少量

しょうが甘酢漬け

新ショウガ(薄切り)……100g
塩水(塩分濃度3%弱)……適量
C
酢……大さじ2
砂糖……大さじ1
食紅……少量
もりつゆ……適量

*1 「だて巻きそば」の材料のすし酢を参照

【つくり方】

だて巻きそば

❶フード・プロセッサーにだて巻きの材料を合わせ、撹拌する。
❷天板にオーブンシートを敷いてサラダ油(分量外)をひき、①を流す。
❸②を180°Cのオーブンで上面がきつね色になるまで20分間ほど加熱する。粗熱をとり、だて巻きとする。
❹そばをザルにとり、すし酢をふりかけてなじませる。巻き簾の上に広げ、20～30分間置いて乾かす。
❺④のそばに焼き海苔をのせ、焼き海苔が下になるように別の巻き簾にのせる。そばの上にAをのせて太巻きの要領で巻く。
❻③のだて巻きをきつね色の面を下にして別の巻き簾にのせ、その上に⑤をのせて巻く。

エビのにぎり

❶クルマエビの頭と背ワタをとり除き、塩ゆでする。殻をむいて開く。
❷酢をふったそば*2を巻き簾で巻く。
❸②を適宜の長さに切り、①をのせる。

野菜のにぎり

❶酢をふったそば*2を巻き簾で巻く。
❷①を適宜の長さに切り、断面の上に干しシイタケの甘煮をのせる。
❸ソバの抜き実を天にあしらう。

ほうれん草の細巻き

❶ホウレンソウをたっぷりの熱湯でさっとゆでる。冷水にさらした後、水気をきる。
❷巻き簾に焼き海苔をのせ、その上に①を広げて濃口醤油をふりかける。細巻きの要領で巻く。
❸斜めに切る。

しょうが甘酢漬け

❶新ショウガを塩水に30分間ほど浸ける。水気を絞る。
❷①をCに15分間ほど浸ける。

*2 「だて巻きそば」の工程④を参照

おめでたずし

だて巻きそば
エビのにぎり
野菜のにぎり

巣ごもりそば

【材料】（1人分）

そば（生）……150g
揚げ油……適量
A
- ホタテ貝柱……適量
- クルマエビ（塩ゆでして殻をむく）……適量
- ウズラの卵（ゆでて殻をむく）……適量
- タケノコ（下ゆでして適宜に切る）……適量
- 生キクラゲ……適量
- サヤエンドウ（さっとゆでる）……適量
- ダイコン（短冊に切って下ゆでする）……適量
- ニンジン（短冊に切って下ゆでする）……適量

サラダ油……適量
B
- 濃口醤油……大さじ1
- 酒……少量
- 上白糖……少量
- 塩……少量

片栗粉（水で溶く）……適量
ゴマ油……ごく少量
ネギ（白髪ネギにする）……適量

【つくり方】

❶そばをステンレス製の手つきのザル（直径20cm×深さ7cm）に入れ、揚げ油で揚げる。
❷鍋にサラダ油をひいてAを炒め、Bを加えて調味する。
❸②に片栗粉を加えてとろみをつけ、仕上げにゴマ油を加える。
❹器に①のそばを盛り、③をかける。ネギを天にあしらう。

親子そば

【材料】（1人分）

そば（ゆでる）……150g
かけつゆ……500cc
A　鶏の腿肉（そぎ切り）……80～100g
　　ネギ（斜め切り）……適量
卵（溶きほぐす）…… 2個
焼き海苔（きざむ）……適量

【つくり方】

❶鍋でかけつゆを沸かし、Aを加えて鶏肉に火が通るまで弱火で煮る。
❷①に卵を流し入れてたまごとじにする。
❸器にそばを盛って②を流し入れ、焼き海苔を天にあしらう。

天とじそば

【材料】（1人分）

そば（ゆでる）……150g
かけつゆ……500cc
卵（溶きほぐす）…… 2個
クルマエビの天ぷら（解説省略）…… 1尾分
焼き海苔（揉む）……適量
サヤエンドウ（塩ゆでする）……適量

【つくり方】

❶鍋でかけつゆを沸かし、卵を流し入れてたまごとじにする。
❷器にそば、クルマエビの天ぷらを盛って①を流し入れる。
❸焼き海苔を天にあしらい、サヤエンドウを添える。

湯葉そば

【材料】（1人分）

そば（ゆでる）……150g
かけつゆ……500cc
くみ上げ湯葉*…… 3切れ
サヤエンドウ（塩ゆでする）
……適量
ユズの皮（黄／細切り）……少量

*「ゆば工房 五大」（山梨・身延町）の「五大の角ゆば」

【つくり方】

❶鍋でかけつゆを沸かし、くみ上げ湯葉を加えて温める。
❷器にそばを盛り、その上に①のくみ上げ湯葉をのせる。
❸①のかけつゆを張り、サヤエンドウ、ユズの皮をあしらう。

がんもそば

【材料】(1人分)

そば(ゆでる)……150g
かけつゆ……500cc
がんもどき(特注品)*…… 1個
A　かけつゆ……300cc
　　上白糖……適量
焼き海苔……適量
サヤインゲン(ゆでて斜め細切り)……適量
小ネギ(小口切り)……適量

*具はニンジン、ゴボウ、ギンナン、ヒジキ

【つくり方】

❶がんもどきに熱湯(分量外)をかけて油抜きをする。
❷鍋にAを合わせて沸かし、①のがんもどきを加えて弱火で煮含める。
❸鍋でかけつゆを沸かす。
❹器にそばを盛り、その上に焼き海苔、②のがんもどきをのせる。③を張り、サヤインゲンを天にあしらう。
❺小ネギとともに提供する。

牡蠣そば

【材料】(1人分)

そば(ゆでる)……150g
かけつゆ……500cc
牡蠣(殻をはずす)……大4個
ワカメ(生/適宜に切る)……適量
ミツバ(適宜に切る)……少量
ユズの皮(黄/細切り)……少量

【つくり方】

❶鍋でかけつゆを沸かし、牡蠣を加えてさっと火を通す。
❷器にそば、①の牡蠣、ワカメを盛り、①のかけつゆを張る。
❸ミツバ、ユズの皮を天にあしらう。

けんちんそば

【材料】（1人分）

そば（田舎そば／ゆでる）……150g

かけつゆ……500cc

A
- 豚のバラ肉（適宜に切る）……適量
- 木綿豆腐（水きりしてちぎる）……適量
- コンニャク（適宜に切る）……適量
- ダイコン（皮をむいて適宜に切る）……適量
- ニンジン（皮をむいて適宜に切る）……適量
- サトイモ（皮をむいて下ゆでし、適宜に切る）……適量
- シイタケ（適宜に切る）……適量
- ゴボウ（斜め切り）……適量

ゴマ油……適量

ホウレンソウ（塩ゆでして適宜に切る）……適量

【つくり方】

❶鍋にゴマ油をひき、Aを炒める。

❷①にかけつゆを分量の半量加えて煮る。

❸鍋で残り半量のかけつゆを沸かす。

❹器にそばを盛り、②、③を合わせる。

❺ホウレンソウを天にあしらう。

鴨あげそば

【材料】（1人分）

そば（田舎そば／ゆでる）……150g
合わせつゆ……350〜360cc（以下の数字は割合）
　もりつゆ…… 1
　かけつゆ…… 1
鴨の腿肉（ひと口大に切る）……80〜100g
A｜ネギ（長さ２㎝に切る）……適量
A｜ナメコ……適量
キヌサヤ（ゆでる）……適量
ユズの皮（黄／細切り）……適量
薬味……各適量
　ネギ（小口切り）
　ショウガ（すりおろす）

【つくり方】

❶鍋で酒（分量外）を沸かし、鴨の腿肉をくぐらせて霜降りする。
❷別の鍋で合わせつゆを沸かし、①、Aを加えて鴨肉に火が通るまで弱火で煮る。
❸壺形の器に熱湯を張ってそばを入れ、キヌサヤ、ユズの皮をあしらう。
❹別の器に②を注ぎ入れ、③、薬味とともに提供する。

献立集

甘味

SWEETS

そばの実プリン

【材料】(4人分)

ソバの抜き実(ゆでる)……10g
牛乳……400cc
A　卵(溶きほぐす)…… 2個
　　グラニュー糖……80g

カラメルソース

　グラニュー糖……60g
　水……大さじ1
　熱湯……大さじ1

【つくり方】

❶鍋に牛乳を入れて火にかけ、沸く直前に火を止める。
❷ボウルに①の牛乳、Aを合わせ、泡立て器で撹拌する。
❸プリンカップにカラメルソース(後述)を流し、ソバの抜き実を加え、②を適量流し入れる。
❹湯気が立った蒸し器に③を入れ、20〜30分間蒸す(竹串を刺して火が入っていることを確認する)。
❺粗熱をとり、冷蔵庫で冷やし固める。
❻型からはずし、器に盛る。

カラメルソース

❶鍋にグラニュー糖、水を合わせて煮詰め、カラメル色になったら火を止める。
❷①に熱湯を加え、混ぜる。

そばおこし

【材料】（つくりやすい分量）

A
- ソバの抜き実（煎る）……60g
- 玄米あられ（市販品）……50g
- 大豆（煎る）……20～30g
- クルミ（細かく砕く）……適量

水飴

上白糖……200g

水……200cc

麦焦がし粉……適量

雛あられ（市販品）……適量

【つくり方】

❶ボウルにAを合わせ、混ぜ合わせる。

❷①に水飴（後述）を少しずつ加えながらヘラでかき混ぜ、糊状にする。

❸バット（10cm×12cm×高さ5cm）にオーブンシートを敷いて②の半量を流し入れ、オーブンシートをかぶせて手で押さえて平らにならし、冷蔵庫で冷やし固める。適宜の大きさに切る。

❹巻き簾にオーブンシートを敷いて②の残り半量を広げ、海苔巻き（直径2cmほど）の要領で巻いて冷蔵庫で冷やし固める。幅1cmほどに小口切りにする。

❺③、④に麦焦がし粉をふりかけ、雛あられとともに器に盛る。

水飴

❶鍋に材料を合わせ、1/3量ほどになるまで煮詰める。

そばの実 五家宝《ごかぼう》風

【材料】（つくりやすい分量）

A
- ソバの抜き実（ゆでる）……17g
- 黒豆きな粉……100g

水飴……以下はつくりやすい分量（8割ほどを使う）

上白糖……200g

水……200cc

黒豆きな粉……大さじ1

【つくり方】

❶ボウルにAを合わせ、混ぜ合わせる。

❷①に水飴（後述）を少しずつ加えながらヘラでかき混ぜ、糊状にする。

❸巻き簾にオーブンシートを敷いて②を広げ、海苔巻き（直径2～2.5cm）の要領で巻く。

❹③を冷蔵庫で2～3時間置いて冷やし固める。

❺④を長さ4～5cmに切り、黒豆きな粉をまぶす。

水飴

❶鍋に材料を合わせ、1/3量ほどになるまで煮詰める。

桜餅 お江戸風

【材料】（8個分）

A:
- さらしな粉……50g
- 薄力粉……50g
- 上白糖……小さじ１～２
- 熱湯……70～100cc
- 食紅……少量

粒餡（解説省略）……適量
白餡（解説省略）……適量
桜の葉の塩漬け（塩抜きする）……適量

【つくり方】

❶ボウルにAを合わせ、混ぜ合わせる。
❷フライパン（テフロン加工）に①を楕円形に流し入れ、焦がさないように両面を弱火で焼く。
❸②で粒餡（または白餡）を包み、桜の葉で巻く。

道明寺餅 そばの実入り

【材料】（4個分）

ソバの抜き実（ゆでる）……５g

A:
- 道明寺粉（ピンク色）……100g
- 上白糖……大さじ１
- 塩……少量

水……50cc
粒餡（解説省略）……適量
白餡（解説省略）……適量
桜の葉の塩漬け（塩抜きする）……適量

【つくり方】

❶ボウルにAを合わせ、水を少しずつ加えながらよく混ぜ合わせる。
❷①を500Wの電子レンジで２分間加熱し、かき混ぜる。電子レンジでさらに２分間加熱し、再びかき混ぜる。
❸②にソバの抜き実を加えて混ぜ合わせ、粗熱をとる。
❹手のひらに水をつけて③（１個分50gほど）をとり、粒餡（または白餡）を包んで俵形に形づくる。
❺④を桜の葉で巻く。

春の三色そば団子

【材料】（2本分）

A
- さらしな粉……100g
- 熱湯……100cc
- 上白糖……小さじ1

食紅……少量
ユズの皮（黄／すりおろす）……少量
抹茶……少量

【つくり方】

❶鍋にAを合わせ、上白糖入りのそばがきをつくる。
❷①を3等分し、それぞれに食紅、ユズの皮、抹茶を混ぜ合わせて練り、赤、黄、緑の3色の生地とする。
❸②の3色の生地をそれぞれ丸め、竹串に刺す。

そばシェイク

【材料】（1人分）

A
- 豆乳*……200cc
- そば粉……大さじ2
- 卵黄……1個分
- 素焚糖……大さじ1

ソバの抜き実（煎る）……適量

*牛乳でもよい

【つくり方】

❶ミキサーにAを合わせ、撹拌する。
❷グラスに注ぎ、ソバの抜き実をあしらう。

そばシャーベット 白（さらしな）黄（韃靼そば）

【材料】（3人分ずつ）

白（さらしな）

さらしな粉のお湯割り*1
- さらしな粉……大さじ1
- 熱湯……200cc

ソバのハチミツ*2……大さじ1～2
ミント……少量

黄（韃靼そば）

韃靼そば茶
- 韃靼そば茶（ティーバッグ）……2袋
- 熱湯……200cc

ソバのハチミツ*2……大さじ1～2
ソバの抜き実（煎る）……適量
ミント……少量

*1　そば粉（並粉）のお湯割り、そば湯でもよい
*2　素焚糖でもよい

【つくり方】

白（さらしな）

❶さらしな粉のお湯割りにソバのハチミツを加え、溶かす。
❷ファスナー付きビニール袋に入れ、平らにして冷凍庫で凍らせる。
❸1時間経ったら冷凍庫から出してもみほぐし、再び冷凍庫で凍らせる。この工程を6～7回くり返す。
❹アイスクリームディッシャーなどを使って器に盛り、ミントをあしらう。

黄（韃靼そば）

❶韃靼そば茶にソバのハチミツを加え、溶かす。
❷「白（さらしな）」の②～④と同じ工程を行う。ソバの抜き実をあしらう。

そば くず餅

【材料】（1人分）

そば豆腐*……適量

A ｜ 黒豆きな粉……適量
　 ｜ 黒蜜……適量

*61ページ参照

【つくり方】

❶そば豆腐を厚さ1.5cmの三角形に切る。

❷器に①を盛り、Aをかける。

そばくずまんじゅう

そば湯仕立て 韃靼そば茶仕立て

【材料】（8個分ずつ）

そば湯仕立て

A ｜ 葛粉……50g
　 ｜ そば湯*……220cc
　 ｜ 素焚糖…… 7～10g

粒餡（解説省略）……150g

韃靼そば茶仕立て

B ｜ 葛粉……50g
　 ｜ **韃靼そば茶**（冷やす）
　 ｜ 　韃靼そば茶（ティーバッグ）…… 1袋
　 ｜ 　熱湯……220cc
　 ｜ 素焚糖…… 7～10g

粒餡（解説省略）……150g

*そば粉のお湯割りでもよい

【つくり方】

そば湯仕立て

❶鍋にAを合わせ、強火に2～3分間かける。

❷塊になりはじめたら弱火にし、木ベラでしっかり混ぜながら練り上げる。

❸水にくぐらせたラップ紙を猪口などに敷く。ここに②を広げて中央に粒餡をのせ、ラップ紙を絞って形づくる。

❹冷水を張ったバットに③を並べる。冷えて固まったらラップ紙をはずす。

韃靼そば茶仕立て

❶鍋にBを合わせ、強火に2～3分間かける。

❷「そば湯仕立て」の②～④と同じ工程を行う。

水羊羹 そば豆腐入り そばの実入り

【材料】（5個分ずつ）

そば豆腐入り

そば豆腐*（さいの目切り）……適量

水羊羹

A
- 棒寒天（水でもどす）……1/2本
- 水……250cc

B
- こし餡（解説省略）……250g
- 素焚糖……25g
- 塩……1/2つまみ

ソバの抜き実（煎る）……適量

そばの実入り

ソバの抜き実（ゆでる）……2g

水羊羹

A
- 棒寒天（水でもどす）……1/2本
- 水……250cc

B
- こし餡（解説省略）……250g
- 素焚糖……25g
- 塩……1/2つまみ

*61ページ参照

【つくり方】

そば豆腐入り

❶鍋にAを合わせて火にかけ、寒天を溶かす。
❷①にBを加え、2～3分間煮詰める。
❸②の半量を竹の器に流し入れ、粗熱をとる。
❹ゆるく固まってきたらそば豆腐を加え、②の残り半量を流し入れ、冷蔵庫で冷やし固める。
❺ソバの抜き実を天にあしらう。

そばの実入り

❶「そば豆腐入り」の工程①～②と同じ工程を行う。
❷①にソバの抜き実を加え、混ぜ合わせる。
❸②を竹筒に流し入れ、粗熱をとる。竹筒の口に笹の葉で蓋をし、冷蔵庫で冷やし固める。

せせらぎ そばの実あんみつ

【材料】（つくりやすい分量）

そば豆腐*1（適宜に切る）……適量
黒豆きな粉……小さじ2

寒天……適量（以下はつくりやすい分量）
- 棒寒天（水でもどす）…… 1本
- 水……500cc

黒砂糖入り寒天……適量（以下はつくりやすい分量）
- 棒寒天（水でもどす）…… 1本
- 水……500cc
- 黒砂糖……大さじ2

A
- 大納言小豆の粒餡（解説省略）……80g
- 熱湯……50cc

五色甘納豆*2（市販品）……適量
ソバの抜き実（煎る）……適量

*1　61ページ参照
*2　市販品の4種（金時豆、ひよこ豆、手亡豆、青えんどう豆）に店で炊いている大納言小豆を合わせる

【つくり方】

❶そば豆腐に黒豆きな粉をまぶす。
❷鍋にAを合わせ、大納言小豆の粒餡を硬めにのばす。粗熱をとり、冷やす。
❸器に①、寒天2種（解説省略）を盛り、②をのせる。五色甘納豆を天にあしらい、ソバの抜き実を散らす。

焼き鮎

【材料】

焼き鮎の皮（５尾分）

A
- そば粉……50g
- 薄力粉……50g
- 重曹……小さじ1/2

B
- 卵（溶きほぐす）……１個
- 素焚糖……40g
- ハチミツ……小さじ１
- ミリン……小さじ１

水……25cc

求肥……適量（以下はつくりやすい分量）

白玉粉……100g

上白糖……100g

水……200cc

【つくり方】

焼き鮎の皮

❶Ａを２〜３回ふるい、ボウルに入れる。

❷別のボウルにＢを合わせ、泡立て器で攪拌する。

❸①に②を合わせ、水を少しずつ加えながらよく混ぜ合わせる。

❹常温で30分間ほど寝かせる。

❺フライパン（テフロン加工）に④を楕円形に流し入れ、両面をきつね色になるまで弱火で焼く。

求肥

❶ボウルに白玉粉、上白糖を合わせ、水を少しずつ加えながらよく混ぜ合わせる。

❷①を500Wの電子レンジで３分間加熱し、かき混ぜる。電子レンジでさらに３分間加熱し、再びかき混ぜる。さらに１分間加熱する（徐々にトロッとした状態になって固まり、全体に透き通ってくる）。

❸バットに片栗粉（分量外）を敷いて②を広げ、常温で冷ます。

❹密閉容器に入れて冷蔵庫で保存する。

仕上げ

❶焼き鮎の皮に適宜に切った求肥をのせ、半分に折りたたむ。

❷熱した金串で皮の表面に模様を入れ、鮎に見立てる。

そばマフィン

【材料】（直径6㎝×高さ5㎝のカップケーキ型6個分）

A
- そば粉……100g
- 薄力粉……30g
- ベーキングパウダー……３～４g

B
- 卵（溶きほぐす）……２個
- 豆乳*1……50～80cc
- 無塩バター（溶かす）……50g
- 素焚糖……50g

C
- 西洋クルミ（素焼き／きざむ）……大さじ１
- 小豆甘納豆……適量

*1　牛乳でもよい

【つくり方】

❶Aを２～３回ふるい、ボウルに入れる。
❷別のボウルにBを合わせ、泡立て器で撹拌する。
❸①に②を少しずつ加えながら泡立て器で撹拌し、生地とする。
❹カップケーキ型に③を流し入れ、上面にCをのせる。
❺④を170～180℃のオーブンで20～25分間ほど焼く。
❻⑤の粗熱をとり、型からはずす（２～３日間は冷蔵保存が可能）*2。

*2　そば粉の割合が多いため焼き上がりから時間が経つと硬くなりやすいので、硬くなった場合はトースターなどで少し温めてから提供する

そば粉
パウンドケーキ

【材料】（18㎝×8㎝×高さ5㎝のパウンドケーキ型1台分）

A
- そば粉……50g
- 薄力粉……50g
- ベーキングパウダー……３～４g

豆乳*1……30cc
韃靼そば茶（ティーバッグ）……１袋

B
- 卵（溶きほぐす）……２個
- サラダ油*2……30cc
- 素焚糖……80g
- ホワイトキュラソー*3……２～３滴

甘栗（殻をむく）……適量

C
- レーズン……適量
- オレンジピール……適量

*1　牛乳でもよい
*2　米油でもよい
*3　ラム酒でもよい

【つくり方】

❶Aを２～３回ふるい、ボウルに入れる。
❷鍋に豆乳を入れて火にかけ、沸いたら弱火にして韃靼そば茶を煮出す。
❸別のボウルに②、Bを合わせ、泡立て器で撹拌する。
❹①に③を少しずつ加えながら泡立て器で撹拌し、生地とする。
❺パウンドケーキ型にオーブンシートを敷いて④を流し入れ、甘栗を生地の中に沈め、表面にCを散らす。
❻⑤を180℃のオーブンで10～15分間焼く。刺した竹串に生地がつかなくなったら、型の長い辺に対して水平に中央に包丁で切り込みを入れ、さらに15分間ほど焼く。
❼⑥の粗熱をとり、型からはずす（２～３日間は冷蔵保存が可能）*4。

*4　そば粉の割合が多いため焼き上がりから時間が経つと硬くなりやすいので、硬くなった場合はトースターなどで少し温めてから提供する

そば栗くん

【材料】(1人分)
サツマイモ……100g
クリの甘露煮(解説省略)……２個
そば(1㎝ほどに切る)……適量
ソバの抜き実(ゆでる)……適量
A 素焚糖……少量
A 塩……ごく少量
片栗粉(水で溶く)……適量
揚げ油……適量

【つくり方】
❶サツモイモを蒸して皮をむき、マッシャーでつぶす。
❷①にAを加えて混ぜ合わせ、生地とする。
❸②の生地でクリの甘露煮を包んで団子状に丸める。これを2個つくる。
❹③を水溶き片栗粉にくぐらせ、一方にはそばを、もう一方にはソバの抜き実をまぶす。
❺④を揚げ油できつね色になるまで揚げる。

そばの実入りパンケーキ風

【材料】(2人分)
そば粉……100g
ソバの抜き実(ゆでる)……10g
素焚糖……大さじ１
重曹……小さじ１
卵(溶きほぐす)……１個
水……130～150cc

【つくり方】
❶ボウルに材料を合わせて泡立て器で撹拌し、生地とする。
❷フライパン(テフロン加工)に①を流し入れ、両面をきつね色になるまで弱火で焼く。
❸適宜に切り分ける。

新そばのシフォンケーキ

【材料】（上部直径19㎝シフォンケーキ型1台分）

A
- そば粉……80g
- 卵黄……Mサイズ4個分
- 素焚糖……50g
- サラダ油……大さじ4
- 水……70cc

卵白……Mサイズ4個分

付合せ……各適量
- リンゴのコンポート（解説省略）
- イチジク（適宜の大きさに切る）
- サルナシ（適宜の大きさに切る）

【つくり方】

❶ボウルにAを合わせ、泡立て器で攪拌する。

❷別のボウルで卵白を泡立て器で攪拌し、硬めのメレンゲをつくる。冷蔵庫で冷やす。一部を仕上げ用にとりおく。

❸①に②を3回ほどに分けて加え、ゴムベラでざっくり混ぜ合わせる。

❹シフォンケーキ型の内側にサラダ油（分量外）を塗って③を流し入れ、3～5回ほどテーブルに打ちつけて生地の中の空気を抜く。

❺④を170℃のオーブンで30分間ほど焼く。刺した竹串に生地がつかなくなったら、型ごと天地を返して冷ます（瓶に挿すなどして宙に浮いた状態にすると冷めやすい）。

仕上げ

❶新そばのシフォンケーキを食べやすい大きさに切って皿に盛り、付合せ、とりおいていたメレンゲを添える。

蒸しそば饅頭

【材料】（8個分）

A
- そば粉……100g
- 薄力粉……100g
- ベーキングパウダー……3g
- 素焚糖……10g

B
- ヤマトイモ*（すりおろす）……30g
- 水……50cc

青海苔……2g
粒餡（解説省略）……適量
白餡（解説省略）……適量
ソバの抜き実（煎る）……少量

*イチョウイモのこと

【つくり方】

❶Aを2～3回ふるい、ボウルに入れる。

❷①にBを加えて軽くこね、2等分する。一方はそのまま、もう一方には青海苔を加え、なめらかになるまでよくこねて生地とする。2種の生地をそれぞれ4等分する。

❸青海苔を加えていない生地で白餡を包み、形を整える。天にソバの抜き実をのせる。

❹青海苔入りの生地で粒餡を包み、形を整える。

❺③、④を8㎝角に切ったオーブンシートにそれぞれのせ、湯気が立った蒸し器に入れて10分間ほど蒸す（刺した竹串に生地がつかなければ蒸し上がり）。

三色そばおはぎ

【材料】（1人分）

そば（ゆでて３等分に切る）……100～120g
粒餡（解説省略）……適量
白餡（解説省略）……適量
青海苔……適量
黒ゴマ（煎ってする）……適量
ソバの抜き実（煎る）……少量

【つくり方】

そばおはぎの下準備

❶そばを俵形に形づくり、ラップ紙で包む。
❷常温でしばらく置いた後、ラップ紙をはずす。

粒餡のそばおはぎ

❶ラップ紙に粒餡を広げ、その上に俵形に形づくったそばをのせる。粒餡でそばを覆うようにラップ紙ごと包む。
❷ラップ紙をはずし、ソバの抜き実を天にあしらう。

青海苔のそばおはぎ

❶粒餡を白餡に変え、「粒餡のそばおはぎ」と同じ要領で白餡のそばおはぎをつくる。
❷ラップ紙をはずし、青海苔をまぶす。

黒ゴマのそばおはぎ

❶粒餡（または白餡）のそばおはぎをつくる。
❷黒ゴマをまぶす。

胡麻だれそば餅

【材料】（1人分）

そば豆腐＊（適宜に切る）……適量
胡麻ダレ……適量（以下はつくりやすい分量）
　白ゴマ（煎ってする）……大さじ1と1/2
　クルミ（すったもの）……大さじ1/2
　上白糖……大さじ1
　濃口醤油……小さじ1
白ゴマ（煎る）……少量

＊61ページ参照

【つくり方】

❶胡麻ダレの材料をよく混ぜ合わせる。
❷そば豆腐を器に盛り、①をのせる。白ゴマを天にあしらう。

そばがきのあんころ餅

【材料】（2人分）

そばがき
　そば粉……100g
　熱湯……100cc
A｜粒餡（解説省略）……100g
　｜熱湯……100cc
ソバの抜き実（煎る）……少量

【つくり方】

❶鍋にAを合わせて火にかけ、半量ほどになるまで煮る。
❷そばがきをひと口大にちぎり、熱々の①で和える。
❸器に②を盛り、ソバの抜き実を天にあしらう。

そばクッキー

【材料】（つくりやすい分量）

A
- そば粉……100g
- ベーキングパウダー……3g

B
- 豆乳*……30cc
- 無塩バター（常温にもどす）……50g
- 素焚糖……40g

青海苔……適量

*牛乳でもよい

【つくり方】

❶Aを2～3回ふるい、ボウルに入れる。
❷別のボウルにBを合わせ、混ぜ合わせる。
❸①、②を合わせて軽くこね、1/3量を別にとる。2/3量はそのまま、1/3量には青海苔を加え、なめらかになるまでよくこねて生地とする。
❹ラップ紙を広げて打ち粉（分量外）をし、③の2種の生地を延し棒で厚さ5㎜ほどに延す。
❺④を型（花、亀、鶴、木の葉など）で抜く。
❻⑤を170～180℃のオーブンで15分間ほど焼く。

そばビスコッティ 三種

【材料】（つくりやすい分量）

そばビスコッティ その1

A
- そば粉……200g
- ベーキングパウダー……小さじ1

B
- 卵（溶きほぐす）……1個
- 豆乳……100cc
- 素焚糖……70g

C
- ソバの抜き実（煎る）……40g
- クルミ（細かく砕く）……40g
- ユズの皮（黄／すりおろす）……小1個分

そばビスコッティ その2

D
- そば粉……200g
- ベーキングパウダー……小さじ1

E
- 卵（溶きほぐす）……1個
- 豆乳……100cc
- 素焚糖……35g

F
- ソバの抜き実（煎る）……40g
- レーズン……35g

そばビスコッティ その3

G
- そば粉……200g
- ベーキングパウダー……小さじ1

H
- 卵（溶きほぐす）……1個
- 豆乳……100cc
- 素焚糖……70g

I
- ソバの抜き実（煎る）……45～50g

【つくり方】

そばビスコッティその1

❶Aを2～3回ふるい、ボウルに入れる。
❷別のボウルにBを合わせ、泡立て器で攪拌する。
❸①、②を合わせて軽くこね、Cを加えてなめらかになるまでよくこねて生地とする。
❹③を5cm×25cm×高さ2cmのかまぼこ形に整える。
❺天板にオーブンシートを敷いて④をのせ、170～180℃のオーブンで15～20分間焼き、表裏を返してさらに15～20分間焼く。
❻⑤を幅6～7mmに切り、断面を上にしてオーブンシートを敷いた天板に並べる。
❼⑥を120℃のオーブンに入れて20～30分間焼いたら、断面の表裏、天板の前後、オーブン内の位置などを変える、という工程を2～3回くり返し、焼きムラのないように焼きあげる。

そばビスコッティその2

❶D～Fの材料を使い、「そばビスコッティその1」と同様の生地をつくる（Cの代わりにFを加える）。
❷①を5cm×25cm×高さ2cmの直方体に整える。
❸②を「そばビスコッティその1」と同様に焼きあげる。

そばビスコッティその3

❶G～Iの材料を使い、「そばビスコッティその1」と同様の生地をつくる（Cの代わりにIを加える）。
❷①を30cm四方×厚さ1cmほどに整える。
❸天板にオーブンシートを敷いて②をのせ、170～180℃のオーブンで15～20分間焼き、表裏を返してさらに15～20分間焼く。
❹③を幅1cmの棒状に切り、断面を上にしてオーブンシートを敷いた天板に並べる。
❺④を「そばビスコッティその1」と同様に焼きあげる。

そばどら焼き

【材料】（つくりやすい分量）

そばどら焼きの皮

A
- そば粉……100g
- 薄力粉……100g
- 重曹……小さじ1と1/2

B
- 卵（溶きほぐす）……2個
- 水……80～100cc
- ヤマトイモ＊（すりおろす）……大さじ2強
- ハチミツ……大さじ2～3
- ミリン……大さじ2
- 上白糖……大さじ1～1と1/2

仕上げその1

粒餡（解説省略）……適量

仕上げその2

粒餡（解説省略）……適量
栗の甘露煮（解説省略）……1個

＊イチョウイモのこと

【つくり方】

そばどら焼きの皮

❶Aを2～3回ふるい、ボウルに入れる。
❷別のボウルにBを合わせ、泡立て器で攪拌する。
❸①、②を合わせてよくこね、生地とする。
❹フライパン（テフロン加工）に③を流し、フライパンに接している面をこんがりと焼いたら表裏を返し、もう一方の面はふんわりと焼きあげる。
❺④を網の上に並べて常温で置き、粗熱をとる。

仕上げその1

❶そばどら焼きの皮のこんがりと焼いた面が外側になるように、皮2枚の間に粒餡を挟む。
❷皮の上面に焼き印を押す。

仕上げその2

❶そばどら焼きの皮のこんがりと焼いた面が外側になるように、皮に粒餡、栗の甘露煮をのせて折りたたむ。
❷皮の上面に焼き印を押す。

花びら餅

【材料】（4～5個分）

そば餅

A
- さらしな粉……100g
- 熱湯……100cc

食紅……少量

ごぼうの甘煮

ゴボウ（皮をむく）
……細めのもの３本

B
- 水……100cc
- 上白糖……20～30g
- 酢……小さじ１

仕上げ

白餡（解説省略）……適量

ユズの皮（黄／すりおろす）……適量

【つくり方】

そば餅

❶鍋にAを合わせ、そばがきをつくる。

❷①を厚さ６㎜ほどの楕円形に形づくる。

❸②の一方の面の中央に食紅で色をつける。硬くならないように温かいぬれ布巾で包む。

ごぼうの甘煮

❶ゴボウを長さ６㎝に切り、断面に十字に包丁を入れて四つ割りにする。

❷①を酢水（分量外）にさらしてアクを抜く。

❸鍋に②、Bを合わせて火にかけ、沸いたら弱火にして10分間煮含める。常温で冷ます。

仕上げ

❶白餡にユズの皮を混ぜ合わせる。

❷そば餅を食紅で色をつけた面が下になるように置き、その上に①を広げて中央にごぼうの甘煮をのせ、半分に折りたたむ。

齋藤親義《さいとうちかよし》

1944年に東京・小岩で生まれ、栃木・佐野で育つ。証券会社を経て、叔父が営む「市川 一茶庵」(千葉・市川)へ。同店で修業するかたわら「一茶庵 本店」(栃木・足利)へ通い、片倉康雄氏に師事。市川 一茶庵の姉妹店「中山 一茶庵」(千葉・船橋)をまかされ、手打ちの名店に育てる。1989年に「蕎仙坊」(静岡・裾野)を開業。中山 一茶庵の時代からさらしなそば、変わりそばに取り組んできたほか、そば料理にも定評があり、とりわけ合鴨や季節の野菜を駆使した品々への評価は高い。接客と甘味の多くは裕子夫人が担当する。富士山の裾野の雑木林に囲まれた店は、山形・西置賜郡から移築された築400年超の庄屋屋敷。

蕎仙坊《きょうざんぼう》

静岡県裾野市須山1737
055-998-0170
営業時間／11：30〜14：00
定休日／月曜、火曜
soba_kyozanbo

そばづくし

そば、つゆ、そば屋の料理と鴨料理、甘味

初版印刷	2024年9月20日
初版発行	2024年9月30日
著者ⓒ	齋藤親義
発行人	丸山兼一
発行所	株式会社柴田書店 〒113-8477 東京都文京区湯島3-26-9　イヤサカビル https://www.shibatashoten.co.jp 営業部（注文・問合せ）／03-5816-8282 書籍編集部／03-5816-8260
印刷・製本	公和印刷株式会社

ISBN: 978-4-388-06383-3

Shibata Publishing Co., Ltd
Iyasaka Building, 3-26-9,
Yushima Bunkyo-ku 113-8477 Tokyo
TEL／＋81(3) 5816 8282
URL／https://www.shibatashoten.co.jp

編集／齋藤立夫（柴田書店）
編集協力／岩﨑信也（031〜057ページ）、永田雄一
撮影／伊藤高明（伊藤料理写真）
表紙デザイン、扉イラスト／齋藤智仁（summit）
ブックデザイン／青木宏之（Mag）